教化於民

太學文化與私塾文化

李　勇　編著

U0087435

崧燁文化

目錄

序言 教化於民

文化是民族的血脈，是人民的精神家園。

文化是立國之根，最終體現在文化的發展繁榮。博大精深的中華優秀傳統文化是我們在世界文化激盪中站穩腳跟的根基。中華文化源遠流長，積澱著中華民族最深層的精神追求，代表著中華民族獨特的精神標識，為中華民族生生不息、發展壯大提供了豐厚滋養。我們要認識中華文化的獨特創造、價值理念、鮮明特色，增強文化自信和價值自信。

面對世界各國形形色色的文化現象，面對各種眼花繚亂的現代傳媒，要堅持文化自信，古為今用、洋為中用、推陳出新，有鑑別地加以對待，有揚棄地予以繼承，傳承和昇華中華優秀傳統文化，增強國家文化軟實力。

浩浩歷史長河，熊熊文明薪火，中華文化源遠流長，滾滾黃河、滔滔長江，是最直接源頭，這兩大文化浪濤經過千百年沖刷洗禮和不斷交流、融合以及沉澱，最終形成了求同存異、兼收並蓄的輝煌燦爛的中華文明，也是世界上唯一綿延不絕而從沒中斷的古老文化，並始終充滿了生機與活力。

中華文化曾是東方文化搖籃，也是推動世界文明不斷前行的動力之一。早在五百年前，中華文化的四大發明催生了歐洲文藝復興運動和地理大發現。中國四大發明先後傳到西方，對於促進西方工業社會發展和形成，曾造成了重要作用。

中華文化的力量，已經深深熔鑄到我們的生命力、創造力和凝聚力中，是我們民族的基因。中華民族的精神，也已

深深植根於綿延數千年的優秀文化傳統之中，是我們的精神家園。

總之，中華文化博大精深，是中華各族人民五千年來創造、傳承下來的物質文明和精神文明的總和，其內容包羅萬象，浩若星漢，具有很強文化縱深，蘊含豐富寶藏。我們要實現中華文化偉大復興，首先要站在傳統文化前沿，薪火相傳，一脈相承，弘揚和發展五千年來優秀的、光明的、先進的、科學的、文明的和自豪的文化現象，融合古今中外一切文化精華，構建具有中華文化特色的現代民族文化，向世界和未來展示中華民族的文化力量、文化價值、文化形態與文化風采。

為此，在有關專家指導下，我們收集整理了大量古今資料和最新研究成果，特別編撰了本套大型書系。主要包括獨具特色的語言文字、浩如煙海的文化典籍、名揚世界的科技工藝、異彩紛呈的文學藝術、充滿智慧的中國哲學、完備而深刻的倫理道德、古風古韻的建築遺存、深具內涵的自然名勝、悠久傳承的歷史文明，還有各具特色又相互交融的地域文化和民族文化等，充分顯示了中華民族厚重文化底蘊和強大民族凝聚力，具有極強系統性、廣博性和規模性。

本套書系的特點是全景展現，縱橫捭闔，內容採取講故事的方式進行敘述，語言通俗，明白曉暢，圖文並茂，形象直觀，古風古韻，格調高雅，具有很強的可讀性、欣賞性、知識性和延伸性，能夠讓廣大讀者全面觸摸和感受中華文化的豐富內涵。

肖東發

中央官學 太學之本

　　太學，是古代官立的高等學府，是以傳授、研習儒家經典為主的國立大學。夏商周時期已有太學雛形，但太學的制度化始於漢武帝時。漢武帝以儒學為官方思想，其崇儒的具體措施或表現就是設太學，從此揭開了太學的新篇章。

　　中國古代太學在長期的發展演變中，自漢代至清代末期，其間雖屢遭戰亂停辦，但天下安定則屢次重建，綿延近兩千年，培養了大批人才。這樣的學府系統，在全世界不但是獨一無二的，而且是持續時間最長的。這是中華民族的驕傲。

▌夏商周時期的太學起源

據傳說，舜帝年紀很大的時候，堯帝的異母弟契去世了。契是舜帝被任命的主要掌管教育的官員，他在世的時候，自始至終沒擺半點皇親、長者、老臣的架子，大家都很尊重他。

契的去世，讓舜帝非常心痛。他下令輟朝七日，舉朝深切悼念，然後又為契舉行了隆重的葬禮。

老臣們一個一個地去世，這讓已經不再年輕的舜帝無比感傷。歲月流逝，人生易老。於是，他決定開設庠這樣的學校，將年歲大的老臣供養在這裡，並建立了養老制度。這樣，不僅可以使老臣們老有所養，而且更能教化人們尊老愛老，也算不辜負契生前教化人心的願望。

「庠」作為養老教化之所在，一方面反映了原始氏族公社尊老敬長的優良傳統，以及與教化相關的禮儀和內容；另一方面，它在古代太學的發展過程中，首開高等教育之先河，實屬功不可沒。

太學是古代的大學，事實上，「太學」之名始於後來的漢代。但夏商周時期時創辦的學校，則是具有太學性質的教育機構，只是當時的叫法與後世不同，而且功能也不完備，總之處於初始階段。

據史料記載，夏代有「庠」、「序」、「校」三種學校的雛形。夏代的「庠」就是從舜帝那裡繼承下來的學校，「序」和「校」則是夏代新增加的。

「序」有「東序」和「西序」之稱，在國中王宮之東謂之「東序」，西則謂之「西序」。「序」也是養老的地方，具有和「庠」一樣的教化功能。

《禮記・王制》記載：

夏後氏養國老於東序，養庶老於西序。

夏代的「序」顯然繼承了舜帝時期的教化功能。

「校」，屬於地方教育機構，不在太學之列。它原是用木頭或竹子圍成欄格作為養馬之所，後來逐漸演變成為習武和比武的場所。夏代的「校」也是一種以道德教化為主要內容的地方教育場所，朝廷在此推行教令，管理民眾。

夏代的教育內容和目的包括軍事教練、宗教教育和人倫道德教育幾個方面。

夏代治國者為了加強軍事實力，特別注重習射，以培養武士。當時弓箭是重要武器，成為教練的主要項目。習射是軍事教育的重點，目的是把貴族成員及其後代培養成為能射善戰的武士。

宗教教育以敬天尊祖為中心，比如學習祭祀或宴饗時的舞蹈及樂器；人倫道德教育，也是學校教育的重要內容。比如在東序養國老，在西序養庶老。

事實上，夏代的教育內容已經有了「六藝」教育的基本內容，但並不完善。

「六藝」是指禮、樂、射、御、書、數。禮包含政治、道德、愛國主義、行為習慣等內容；樂包含音樂、舞蹈、詩

歌等內容；射是射箭技術的訓；御是駕馭戰車的技術的培養；書是識字教育；數包含數學等自然科學技術及宗教教義的傳授。

商代無疑是一個奴隸制度高度發展的王朝，它有六百多年歷史。商後期遷都於殷，即現在的河南安陽小屯一帶，故商代又稱為「殷代」，或稱「殷商」。殷商已有學校教育制度，並為考古出土的文物所證實。

據古籍所載，商代有「庠」、「序」、「學」和「瞽宗」四種學校。「庠」、「序」是從前代繼承發展而成，其教學內容更為擴充。因為當時祭祀活動和軍事征伐都極為重要，所以學校的主要學習內容，就是學習祭祀活動中的禮樂和軍事活動中的技術。

「庠」本是養老的地方，到了商代仍有養老的作用，同時也對年輕一代進行道德倫理的教育，如孝順父母，尊敬兄長等。同時它也是習射的地方。從地下發掘出來的甲骨文，其中一片有關於在「庠」教練射箭的記載，可見「庠」的教育作用到了商代擴大了。

「序」也是養老的地方，還習射及學習「射禮」。商代貴族男子重武習射，常舉行射禮，所以「序」也教育貴族子弟，要懂得射箭的禮儀、禮節，並進而明確君臣上下長幼的規矩。

商代的「瞽宗」是學習禮與樂的學校，層次比較高，是當時的高等學校，因此太學性質更加明顯。據考證，殷商崇

尚右，以西為右，所以把大學設在西郊，這樣，設在西郊的大學也叫做「右學」。

「瞽宗」原是宗廟。選擇有道德的精通禮樂的文官在這裡教授貴族子弟。後人以「瞽宗」代表殷商的學校，設在西，故稱為「西學」。可見「右學」、「西學」、「瞽宗」是同一種學校，即商代的大學。後人也叫商代的大學為「辟雍」，也稱為「西雍」，是學禮樂的地方，這是商代大學的又一名稱。

從殷墟出土的甲骨文中，尚未發現「序」及「瞽宗」，卻屢見「教」與「學」字，如有一片甲骨文卜辭上說：子弟們上學回來，會不會遇上大雨？

占卜是王室的事，遇有大事才進行占卜，貴族子弟上學成為占卜的內容，可見商代對貴族學校教育的重視。

更有趣的是有一片卜辭說：

丁酉卜，其呼以多方小子小臣，其教戒。

「多方」，即多國，「戒」，像人手持戈而警戒，或手持戈而舞蹈，「教戒」，即指習武與習舞，這與殷「序」的習射、「瞽宗」的習禮樂之說相吻合。

這片卜辭反映出殷時鄰國多派遣子弟來遊學，說明當時殷時期的大學已經有了周圍鄰國的留學生在這裡學習禮樂了，足見商代學校已相當發達。有人說，這是中國「留學制之濫觴」。

教化於民：太學文化與私塾文化

中央官學 太學之本

　　甲骨文字還表明商代已進行讀、寫、算教學。所出土的甲骨文單字已達四千五百個左右，形聲、會意、假借等進步的方法已普遍使用。這說明商代文字的發展已很成熟，自然會出現長篇文字記錄。

　　商代在天文曆法方面已有很大進步，這與數學的發展有關。但當時這方面知識的學習，多是為了便於占卜。甲骨文中的數字已達三萬個。出土文物還表明，那時已能進行一般的算術運算，並能繪製一些幾何圖形，所以數學也已成為教學的重要內容。

　　由此可見，商代貴族很重視學校教育，設立了貴族學校「庠」、「序」、「學」和「瞽宗」。教師是由國家職官擔任。教育的內容包括宗教、倫理、軍事和一般文化知識。這就是中國最早的官學的雛形。

　　西周時期是奴隸社會的全盛時期。西周時期在文化教育上的重要特徵是「學在官府」，又稱「學術官守」。標誌著比較完善的教育制度已經建立。

　　西周時期的大學分為五學：東為東序，西為瞽宗，南為成均，北為上庠，中為辟雍。這裡所說的東、西、南、北學，已經繪出了西周時期的大學組成圖案。《禮記·王制》中說：天子的學宮叫「辟雍」。按照後世標準來說，辟雍就是太學。

　　除了辟雍外，西周時期還有其他的大學。這並不排斥其他大學存在的可能性。東序、瞽宗、成均、上庠，都是大學。

　　東學東序，為習舞、學干戈羽龠之所，由樂師主持；西學瞽宗，為演習禮儀、祭祀先王先賢之地，由禮官主持；南

學成均，為學樂之所，由大司樂主持；北學上庠，為學書之所，由善書者主持。

這些學校都以明堂為中心合在一起，成為一個大學，並非有好幾個獨立的大學。

西周時期天子的大學和諸侯的大學其規模和等級都是有差別的。天子的大學規模較大，結構比較複雜，有辟雍、成均、上庠、東序、瞽宗「五學」；諸侯所設的大學規模較小，它半面臨水，稱為「泮宮」。

進入大學接受教育有一定限制，只有少數符合資格的人才能享受大學教育。王子入大學的年齡為十五歲，因王子十五歲行冠禮，代表著已達成年；其他人則十五歲冠，二十歲入大學。大學的學程為九年。西周時期對入學資格的限制，體現當時教育的等級性。貴族子弟按身分入學；平民中的優秀分子經過推薦選拔，方能入學。

西周時期大學不僅是貴族子弟學習之處，同時又是貴族成員集體行禮、集會、聚餐、練武、奏樂之處，兼有禮堂、會議室、俱樂部、運動場和學校的性質，實際上就是當時貴族公共活動的場所。

西周時期「六藝之教」是夏商時期以來教育的延續，一般認為正式確立於西周的成康時期，形成了完整體系與規模，而且被貴族所推崇，風尚一時。大學學習禮、樂、射、御「大藝」，分科教學以禮樂為重，射御次之。此外還學習《詩》和《書》。國立小學則學習「小藝」書和數。

在大學期間，第一、三、五、七、九學年定期考核，考核內容包括德行和學問與技能兩方面。七年告一段落，稱為「小成」；第九年考核合格，結束學業，稱為「大成」。

對於合格的學生，可以分派官職，獎勵爵位和俸祿；對於不合格的學生，經過一系列的勸誡程式之後仍不改悔的，則流放遠方，永不錄用。

總之，夏商周三代的大學教育，表明華夏民族以驚人的智慧和能力，開創了古代高等教育的先河。對中華民族的人格塑造和文明傳承產生了深遠的影響。

閱讀連結

成均是西周時期全體氏族成員聚會、娛樂、舉行某種規模較大的宗教祭祀活動，也向氏族成員宣告氏族首領教令及決定的場所。每次活動，都由大司樂來主持樂禮。此外，這裡在夏秋收穫季節還用於打場或堆積收穫物，是《詩經》中所說的「九月天高氣又爽，十月掃清打穀場」之所在。

由於西周時期政教不分，因而後人將上古先民的一系列有助於文明開化的社會活動，看做是社會教化的形式，並將成均之地這類舉行活動的場所稱為「大學」。

▌西周時期的大學大藝

西元前一〇二〇年某一天，周公來到洛邑，全面視察了東都新邑的規劃。後來經過一年左右的時間，洛邑建成。為了鞏固西周政權，周公總結了夏殷的管理經驗，制訂了各種

典章制度，也就是所謂「制禮作樂」。在洛邑建成後，他召集天下諸侯在這裡舉行盛大慶典，正式冊封天下諸侯，並且發佈文告，宣布了新的典章制度。

周公制禮作樂，奠定了古代傳統文化的基調。這套制度之所以為後世所稱道，因為它是以道德為核心而建立起來的，由此確立了道德在治國理念中的主導地位，這對於古代歷史的發展方向，產生了極為深遠的影響。

周公的禮樂制度，也為西周時期的大學教育指明了方向，西周時期大學以「禮、樂」為核心，建立起了古代典型的「政教合一」的古典教育官學體系，形成了包含有「射、御、書、數」在內的完整的六藝教育。

在當時朝廷的官學分為國學和鄉學。國學專為貴族子弟設立，設在王城和諸侯國都；鄉學則按地方行政區域分設，對象是地方的普通貴族子弟及至仕退居鄉里的紳士鄉官子弟。西周時期大學以「禮、樂、射、御」四「大藝」為主，小學以「書、數」兩「小藝」為主。

「六藝」最早出現在《周禮‧地官‧保氏》記載：

養國子以道，乃教之六藝：一曰五禮，二曰六樂，三曰五射，四曰五御，五曰六書，六曰九數。

意思是說，用道藝來教養王公貴族子弟，就是教他們六藝：一是五禮，二是六樂，三是五射，四是五御，五是六書，六是九數。

中央官學 太學之本

　　六藝之教在夏代教育中已見端倪，至西周時期已成為教育的特徵和代表，涉及的範圍十分廣泛，包括政治、倫理、道德、禮儀等各個領域，內容極為豐富。

　　「禮」，即禮教，指人在政治生活與社會生活中的道德行為規範、操作技能以及個人素養的訓練。學中所教之禮，則為貴族所必需的五禮，即吉禮、凶禮、賓禮、軍禮和嘉禮。

　　吉禮，即祭祀天神、地祇、人鬼等禮儀活動；凶禮指用於弔慰國家憂患方面的禮儀活動；軍禮，即國家有關軍事方面的禮儀活動；賓禮，即邦國間的外交往來及接待賓客的禮儀活動；嘉禮，即具有喜慶意義及一部分用於親近人際關係、聯絡感情的禮儀活動。

　　樂，是周公制禮作樂的重要促成部分，和禮有同樣的教化功能。西周時期大學由大司樂管理教務，但主要是主持樂教，具體負責以樂德、樂語、樂舞。樂教是當時的針對王公貴族子弟的藝術教育，內容包括詩歌、音樂、舞蹈，其過程寓有多種教育因素。

　　「樂」，即樂德之教，包括音樂和舞蹈。包含了德育、智育、體育、美育的要求，具有實施多種教育的作用。學中所教之樂，則為貴族所必需的六樂，即《雲門》、《大咸》、《大韶》、《大夏》、《大濩》、《大武》。

　　《雲門》是最古老的舞蹈，相傳存在於五千年前的黃帝時期，用以教導舞容舞步；《大咸》又名《大章》，傳說是堯帝時修日落之地咸池而作，用以祭祀土地神；《大韶》簡稱《韶》，又稱《九韶》、《簫韶》等，是舜時的樂官夔所

作的詩、樂、舞三位一體的樂曲，用以歌頌舜帝能繼承並發揚光大堯帝的功德；《大夏》也叫《夏籥》，是夏代之前非常著名的一個大型舞樂，周代演變成為了群舞，用以表現與大自然搏鬥的樂觀精神；《大鑊》屬於武舞，用以激勵征戰時的士氣；《大武》屬於武舞，用以歌頌征戰獲勝時的喜悅。

「禮、樂」相輔相成互為表裡。禮仕於約束人們的外部行為，具有一定的強制性；樂則重在陶冶人們的內心感情，是一種潛移默化的作用。

「射」即射箭技術。學中所教之射，則為貴族所必需的五射，即白矢、參連、剡注、襄尺和井儀。

白矢即箭穿過靶子，要求用力適當，恰中目標，剛剛露出白色箭頭。參連即先發一矢，後二矢連續而去，矢矢中的，看上去若連珠之相銜，像是一根箭一樣。剡注即箭射出，箭尾高箭頭低，徐徐行進的樣子。襄尺的「襄」讀「讓」，臣與君同射的時候，臣不與君並立，應退讓一尺。井儀即連中四矢，射在靶子靠上的位置，要上下左右排列，射出一個「井」字樣。

「御」即精湛的駕車技術。學中所教之御，則為貴族所必需的五御，即鳴和鸞、逐水曲、過君表、舞交衢和逐禽左。

鳴和鸞說駕車馬時，驅車則馬動，馬動則鸞鳴，鸞鳴則和應；逐水曲即駕車經過曲折的水道不能墜入水中；過君表即駕車要能透過豎立的標竿中間的空隙而不碰倒標竿；舞交衢即駕車在交道上旋轉時，要合乎節拍，有如舞蹈；逐禽左

即在田獵追逐野獸時，要把獵物驅向左邊，以便坐在車左邊的主人射擊。

「射、御」兩者屬於軍事性質的訓練，是培養貴族子弟的作戰能力。射御之教在夏代學校就十分發達，到西周時期，男孩子長至十三歲或十五歲後就要學習射御，是培養武士的重要內容。

「禮、樂」和「射、御」有密切聯繫，在進行射、御訓練時，要配合禮、樂的活動。禮與樂除配合射、御的訓練，還配合對鬼神的祭祀，即所謂「國之大事在祀與戎」。由此可見，禮、樂、射、御的訓練，是為西周時期貴族培養管理人才和軍事骨幹的教育目的服務的。

「書、數」在西周時屬於「小藝」，是西周時期小學學習的主要內容。

「書」即書法，即書寫、識字、作文能力。所謂「六書」，是周代人解說漢字的結構和使用方法而歸納出來的六種條例。後世學者將其定名為象形、指事、會意、形聲、轉注和假借。

「數」是學習算術與數論知識。所謂「九數」，是在西周時期就已經出現的「九九口訣」，被作為當時的小學數學教材。「九九口訣」後來發展成為了數學上的「九九乘法表」。

西周時期「六藝」既重視思想道德，也重視文化知識；既注意傳統文化，也注意實際技能；既重視文事，也重視武備；既要符合禮儀規範，也要求內心情感修養。

西周時期的六藝教育，與後來的孔子整理和傳授的六部古籍《詩經》、《尚書》、《儀禮》、《樂經》、《周易》、《春秋》這「六經」有很大關聯。

從古代儒家要求學生掌握的六種基本才能禮、樂、射、御、書、數中，可以看到六經與六藝有一定的繼承和發展的關係。由此可見西周時期六藝教育對後世的影響。

閱讀連結

西周的「禮」不但在大學教育在佔有重要位置，在執政者的工作中也是頭等大事。

周公曾封於魯，但為了能在周干身邊，他讓自己的長子伯禽去管理。周公告誡伯禽說：「我的地位已經很高了。可我時刻注意勤奮儉樸，虔誠待上，唯恐失去天下的賢人。希望你到了魯地，不要因位高而盛氣凌人。」周公為了求賢，曾在吃飯時吐出飯菜急忙去見來訪者，也曾在洗頭髮時握著濕漉漉的頭髮接待訪客。後人用「周公吐哺，天下歸心」來形容在位者禮賢下士。

▌戰國時期的高等學校

在戰國時期的齊威王田因齊執政時，有一個名叫淳于髡的人，口才很好，很會說話。他常常用一些有趣的隱語來規勸君主，使君王不但不生氣，而且樂於接受。

齊國第四代國君齊威王田因齊本來是個很有才智的君主，但他即位三年，卻只愛遊山玩水，飲酒作樂，朝廷大事從不放在心上。

淳于髡很明白，齊威王是一個很聰明的人，他很喜歡說些隱語來表現自己的智慧，雖然他不喜歡聽別人的勸告，但如果勸告得法的話，他還是會接受的。於是，淳于髡便想了一個計策，準備找個機會來勸勸齊威王。

這一天，淳于髡去見齊威王，他說：「大王喜猜謎語，我有個謎語想說給大王聽聽？」

齊威王一聽來了精神，連忙說：「你快說說！」

淳于髡說：「大王，齊國有只大鳥，住在王的宮廷中，已經整整三年，可是他既不振翅飛翔也不發生鳴叫，只是毫無目的地蜷著翅膀，大王您猜，這是一隻什麼鳥呢？」

齊威王本就很聰明，一聽就明白了：原來是用鳥比喻我啊，說自己像那只大鳥一樣，身為一國之主，卻毫無作為，只知道享樂。於是，他笑了笑說：「這可不是一隻普通的鳥呀！它不飛便罷，一飛起來就直衝雲霄；它不鳴便罷，一鳴起來就能使人驚奇！」

從此，齊威王以「不飛則已，一飛沖天；不鳴則已，一鳴驚人」的精神，任用鄒忌為相，田忌為將，孫臏為軍師，進行變法改革。而擴建稷下學宮，就是齊威王改革的一項非常重要的措施。

稷下學宮始建於齊國第三任國君齊桓公田午時。當時由於田氏代齊的時間還不是很久，新生的封建政權有待鞏固，

而人才又十分匱乏。於是他繼承齊國尊賢納士的優良傳統，在齊都臨淄的稷門附近建起了巍峨的學宮，設大夫之號，招攬天下的賢士。這時的稷下學宮尚屬初創階段。只是到了齊威王、宣王之際，隨著齊國國勢的強盛，才得以充分發展達到鼎盛階段。

齊威王擴建稷下學宮是下了很大本錢的。他為稷卜先生們修康莊大道，建高門大屋，給予很高的俸祿和優厚的物質待遇。如號稱「稷下之冠」的淳于髡有功於齊，被貴列上卿，賜之千金，兵車百乘；孟子被列為客卿，出門時「後車數十乘，從者數百人」；田駢「訾養千鐘，徒百人」，也受到尊崇。

齊宣王田辟疆即位後，為了完成統一天下大業，就像其父齊威王那樣大辦稷下學宮。他對稷下先生們尤為尊崇，給他們極高的政治地位和禮遇，並勉勵他們著書立說，展開學術爭鳴。

這樣一來，稷下學者們參政議政的意識空前強烈，學術研究的自主性、創造性和積極性異常高漲，以至於使稷下學宮成為了當時的政治諮詢和學術文化交流中心，是諸子百家爭鳴的最重要場所之一，堪稱戰國時期的「中研院」。

稷下學宮容納了當時許多重要流派，諸如法家學派、黃老學派、陰陽五行學派、儒家學派、墨家學派、縱橫家學派、名家學派、管仲學派、兵家學派等。

稷下法家學派把管仲的禮法並舉的法治思想加以繼承、闡發，形成了比較完整的法治思想。稷下法家提倡法律面前

人人平等，執法公正，主張德刑相輔，法教統一，反對嚴刑峻法。

稷下黃老學派的基本體系是由稷下先生慎到、田駢、環淵等創造的，主要著作是《黃老帛書》和《管子》一書中的《白心》、《內業》、《心術》上下四篇以及《慎子》、《田子》、《蜎子》等。學術特徵為道法結合、兼采百家。

陰陽五行學派又稱為「陰陽學派」或「陰陽家」。當時的齊人鄒衍將古代的陰陽、五行思想結合起來，稱之為「陰陽五行學說」，並在稷下學宮形成了一個影響深遠的學派，即「稷下陰陽五行學派」。

儒家學派的代表人物是孟子和荀子。孟子曾兩度遊齊國，一次在齊威王時，留齊國至少三年之久；齊宣王時再度遊齊國，為客卿，受上大夫之祿，留齊國十餘年。荀子也曾到齊國遊學，長期在齊國居住，至齊政權第七任國君齊襄王田法章時三次為祭酒，一直是學界領袖。

墨家學派的代表人物宋鈃，是齊宣王時的著名稷下先生。他以救世為己任，提出了一系列治理社會的主張，同樣令諸子耳目一新。

縱橫家學派代表人物是淳于髡，在政治思想方面，他主張禮、法兼用而傾向法治。他以博學善辯著稱，被齊威王立為「上卿」，賜「上大夫」之職，為齊國振興和稷下學宮興盛，作出了傑出貢獻。

名家學派的主要代表人物有尹文、兒說等。他們要求人們按事物的本來面目認識事物，「名」一定要符「實」，反

對名實不符。兒說善於辯說，以「白馬非馬」之論折服了稷下學宮中眾多的著名辯士。

管仲學派在稷下學宮中具有舉足輕重的地位。《管子》一書博大精深，涉及經濟、政治、軍事、論理、哲學、自然科學諸多方面，被後世譽為「稷下學術中心的一部論文總集」。

稷下兵家學派對軍事理論有深刻的研究，《司馬法》、《子晚子》就是在齊威王的領導下，由稷下兵家學派的學者編著而成的。此外，稷下學宮還有道家、農家、小說家等學派。

稷下學宮首先是朝廷的諮詢機構和智囊團。齊國君主創辦稷下學宮的主要目的，就是利用天下賢士的謀略智慧，幫其完成富國強兵、爭雄天下的政治目標。而被稷下學宮吸引來的稷下先生，也大都有著積極參與現實功業的思想。他們高談闊論，競相獻策，期望自己的政治主張被齊國執政者所接受和採納。

據史料的記載，齊宣王經常向稷下先生們徵詢對國家大事的意見和看法，並讓他們參與到外交活動中去，以及典章制度的制訂，使得稷下先生們充分發揮了智囊團的作用，稷下學宮也因此成為一個政治諮詢中心。

例如，齊宣王與孟子曾多次討論政事，探求統一天下的途徑。王斗曾面對批評齊宣王「好馬」、「好狗」、「好酒」，獨不「好士」，直至齊宣王認錯，改錯為止。這些都顯示了

稷下學宮的政治功能。稷下先生進言，執政者納言，是稷下學宮作為政治諮詢中心的一大特色。

稷下學宮有規模宏大的校舍，因而便於眾多師生開展較正規的教學活動。《戰國策》記載田駢有「徒百人」。稷下學宮的前輩學者淳于髡也有「諸弟子三千人」之稱。師生常常濟濟一堂，定期舉行教學活動。

稷下學宮有較嚴密的規章制度。其學生守則從飲食起居到衣著服飾，從課堂紀律到課後複習，從尊敬老師到品德修養，裡面都有詳細而嚴格的規定。

稷下學宮還具有獨特的教育方式，這就是遊學。學生可以自由來稷下尋師求學；老師可以在稷下招生講學，即容許有學與教兩個方面的充分自由。這些遊學方式的施行，使學士們開闊了眼界，打破了私學界限，思想兼容並包，促進了各種學說的發展和新學說的創立，大大促進了人才的培養。

另外，稷下學宮還是一個有組織、有聘任、有俸祿制度的學術研究中心，具有各派並立、平等共存，百家爭鳴、學術自由，求實務治、經世致用等多方面的特點。

從稷下學宮的施行方針及其成果意義來看，稷下學宮完全可以說是世界歷史上真正的第一所大學，第一所學術思想自由學科林立的高等學府。

稷下學宮不僅使古代歷史上著名的百家爭鳴進入了全盛時期，使齊文化得到了空前繁榮，帶動戰國時期文化進入黃金時代，而且在學術爭鳴中，提出了各具特色的理論體系，

直接或間接地影響了戰國時期以後的許多學派，是各種思想發展的核心。

秦代以後的思想、學術、文化，幾乎都可以在稷下學宮找到源頭。可以說，稷下學宮的出現，是中國古代文化發展史上的一座里程碑，也是世界文化史上的輝煌篇章。

閱讀連結

古代的思想文化在稷下學宮迅速達到了鼎盛狀態，經歷了自己的黃金時代，不論對當時還是對後世，都產生了巨大作用。

西元一九九三年，湖北荊門郭店楚墓出土了一批先秦時期古竹簡，轟動了整個考古界，其中的三組《老子》簡是世上最古老的《老子》竹簡手抄本，比長沙馬王堆出土的帛書《老子》還早一百多年。據考證，這批竹書就來自齊國稷下，是稷下思孟學派的教材。西元前三一一年由出使齊國的屈原帶到楚國。可見，稷下學宮理論的傳播之遠、影響之深。

▌漢代創立的太學體制

西元前一二四年，漢武帝在董仲舒、公孫弘等人的多次建議下，延伸商、周及春秋戰國時期以來古代教育的發展階梯，下詔選拔教師和學生，同時在長安修築校舍，創辦了太學。西漢時期長安太學的建立，標誌著古代歷史上第一所以「太學」命名的大學的誕生。

教化於民：太學文化與私塾文化
中央官學 太學之本

　　先秦雖然有所謂「庠」、「序」、「瞽宗」和「辟雍」等，但這些都不過是貴族們習禮、祭祀、宣揚政教的場所，還不能算作純粹意義上的傳授知識和研究學問的高等學府。故嚴格說來，自漢武帝設立太學，古代才開始出現具有比較完備形態的大學。

　　漢代太學在不斷發展過程中，在師資、教學內容，以及太學生的來源、學習、考試及生活等各個方面，都取得了歷史性的成果。

　　漢代太學的教師叫博士。博士制度是漢代太學發展的關鍵。漢武帝設五經博士，教授弟子，從此博士成為專門傳授儒家經學的學官。漢代初期，《易》、《書》、《詩》、《禮》、《春秋》每經只有一家，每經置一博士，各以家法教授，故稱「五經博士」。

　　漢代太學中博士的數量很少，選拔博士有嚴格的標準，必須德才兼備，要有「明於古今」、「通達國體」的廣博學識，具有「溫故知新」的治學能力，可以為人師表，可以尊為道德的風範。

　　根據這一標準，各地向朝廷薦舉博士。除薦舉外，皇帝還親自召請一些人任博士，有的是從賢良文學或明經拜選為博士的，也有從其他官升遷為博士的。由於嚴格的挑選，西漢時期太學的博士，一般說來都是德才兼備，學有專長的。

　　東漢時期，選拔博士還要經過考試，此外還需要舉薦人寫「保舉狀」，舉薦措施同樣體現了對博士的政治、道德、

學術、身體等方面的嚴格要求。後來皇帝頒布的詔書又規定，任博士必須在五十歲以上。

由於經過嚴格的挑選，在漢代太學執教的博士，一般來說質量較高，其中許多是一代儒宗和學者。如賈誼、轅固生、申培公、韓嬰、歐陽高、夏侯勝、夏侯建、戴德、戴聖、梁丘、京房等人都曾擔任博士，他們的學問都博大精深，由他們執教，對提高教學質量，有了保證作用。

太學博士是專職學官，掌經學傳授，同時也參與政事議論或奉使以及巡視地方政教之類。為了協調太學的教學和管理，在五經博士中還設有一位首席博士，西漢時期稱「博士僕射」，東漢時期改名為「博士祭酒」。

各門專經博士的人數與設置，則屢有變更和增加。漢武帝時設有十人，漢宣帝時增為十二人，漢元帝時增為十五人，漢平帝時又增三十人，至東漢初年，漢光武帝乃定為十四人。

太學教育為適應封建社會治國者的需要，對太學課程的設置作了嚴格的規範。西漢時期太學的主要教材是經史，以儒家經典「五經」和「三傳」作為基本教材。同時，對經義的解釋，也作了嚴格的規範。

「五經」具體指《詩經》、《尚書》、《禮記》、《易經》、《春秋》。這五部經典，都是儒家的正統學說。

《詩經》是古代第一部詩歌總集。西漢時期被尊為儒家經典，始稱《詩經》，並沿用至今。

《尚書》是最古的官方史書，是中國第一部上古歷史文件和部分追述古代事跡著作的彙編。漢代初年，《尚書》僅

存二十九篇，為秦代博士伏生所編，用隸書抄寫，被稱為《今文尚書》。自漢代以來，《尚書》一直被視為古代封建社會的政治哲學經典，既是帝王的教科書，又是貴族子弟及士大夫必遵的大經大法，在歷史上很有影響。因此，成為古代太學生必修科目之一。

《禮記》是古代一部重要典章制度書籍。它的編定是西漢時期禮學家戴德和他的侄子戴聖。戴德選編的八十五篇本叫《大戴禮記》，在後來的流傳過程中大多散軼，至唐代只剩下了三十九篇。東漢末年，著名學者鄭玄為《小戴禮記》作了出色的註解，後來這個版本便盛行不衰，成為歷代太學生和士人必讀之書。

《易經》是古代一部最古老而深邃的經典之一。西漢時期的學者京房將《易經》作了考證註釋，寫成了《京氏易傳》一書。這樣，《京氏易傳》與《易經》本經便一同成為了歷代太學生和學者們學習的經典。

《春秋》又稱為《麟經》或《麟史》，是中國現存最早的一部編年體史書，史料價值很高，是儒家經典之一。

「三傳」即《春秋左氏傳》、《春秋公羊傳》、《春秋穀梁傳》的合稱，是儒家的經典著作。

《春秋左氏傳》原名為《左氏春秋》，簡稱《左傳》。舊時相傳是春秋末年左丘明為解釋孔子的《春秋》而作，是儒家重要經典之一。

《春秋公羊傳》也稱為《公羊春秋》或《公羊傳》，著重闡釋《春秋》的微言、大義。作者公羊高，戰國時期齊國人，

相傳是子夏的弟子，他詮釋《春秋》後，傳於公羊平。西漢景帝時期，《春秋公羊傳》傳至公羊氏玄孫公羊壽及齊人胡母生，才得以「著於竹帛」，流傳於世。

《春秋穀梁傳》簡稱為《穀梁傳》，是儒家的經典著作之一。著重宣揚儒家思想，重禮義教化和宗法情誼，漢代有人根據口頭傳說，將它編纂成書，是歷代太學生必修的經典之一。

西漢時期太學生稱為「博士弟子」或簡稱「弟子」，東漢時期則稱為「諸生」或「太學生」。

漢武帝時期的五十名太學生，是由太常選擇「年十八以上，儀狀端莊」的官宦子弟充當，而從郡國選送的「好文學，敬長上，肅政教，順鄉里，出入不悖」的地主子弟，雖不受名額限制，也可在太學中「受業為弟子」，但只能算作一種旁聽生。而且待遇上前者皆有官祿，並享有免役的優待，後者則費用自給，故太學中也往往有一些比較貧窮的學生。

太學生的學習是比較鬆散的。其學業主要是靠自修。除了正課之外，還可以隨興趣研究其他專經。東漢後期更鼓勵學生成為通才，經通越多做官越大，故許多學生都兼通數經。

有些太學生在課外研究自然科學，如張衡、崔瑗就是研究天文學、數學而成為大科學家的。

由於太學生主要依靠自修，所以太學特別重視用考試來督促和檢查他們的學業。漢代太學沒有規定肄業的年限，只要能透過考試，即可畢業，並按成績高低來授予官職。

教化於民：太學文化與私塾文化

中央官學 太學之本

漢代太學有嚴格的考試制度，這樣可使太學生參加多次考試到通五經為止。這有利於把太學生培養成通材。

考試制度規定：

一是選材手段；一是督促、檢查學生學習的管理手段。不及格者可以留校再考；及格者委任官職的仍可以留校，滿兩年後參加高一級的考試。

關於考試的方法，主要是射策和對策兩種。射策多用於太學內的考試；對策多用於朝廷的薦舉。

「射策」，是主試者提出問題，書之於策，覆置案頭，受試人拈取其一，叫做「射」；按所射的策上的題目作答。射是投射之意。射策根據難易程度分為甲乙兩科，每科規定錄取名額。

「對策」又稱「策試」，就是把策題書於簡冊之上，使應舉者作文答問。策問有君主「求言於吏民」之意，策題一般以政事、經義等設問；答策則相當於「應詔陳政」，發表政見。例如董仲舒以賢良文學科被薦舉，就與漢武帝進行過三問三對。

由於太學生有關心政治和國事的政治素質，他們也往往把自己置身於社會重大政治鬥爭中。例如，東漢後期的兩次黨錮之禍，就是以太學生為主力的士人反對宦官的流血政治運動。此外，太學還有意識增加學生的社會實踐環節，如東漢時期和西晉時期在皇帝舉行鄉社典禮時，禮生即都以太學生充任。

太學生學習採取單科結業方式，結業後的分配，根據博士弟子成績即通經多少量才而用。比如東漢末年曾詔令規定：

學習滿兩年，試通二經者，補文學掌故。不能通者隨後輩試，透過亦得為文學掌故；已為文學掌故者，滿二年，考試能通三經者，擢高第為太子舍人，不能透過者隨後輩試，通為高第者，亦得為太子舍人；已為太子舍人滿二年者，考試能通四經者，推其高第為郎中，不得第者隨後輩試，透過者亦得為郎中；郎中滿兩年，試能通五經者，推其高第補吏，隨才而用，不得第者，隨後輩複試透過後亦得補吏。

以上規定，主要為對公卿子弟的一種特殊待遇。太學中的貧寒學生學業滿後，很多都是返回鄉里從事教學工作，他們可以在地方被聘請為官吏，也可透過舉孝廉等方式入京為官。

漢武帝以後，由於漢代朝廷的不斷重視，太學得到了迅速發展。首先從校舍上看，漢代太學初建時，只有博士弟子五十人，五經博士分經教授，不需要固定的校舍。後來，太學生不斷增加，就需要修建校舍了。古代最早大規模地修建大學校舍是在漢平帝時開始的，當時為太學生修建了能容萬人的校舍。

東漢朝廷遷都洛陽，漢光武帝劉秀於二十九年於洛陽南門外重建太學，一時間，各地學子紛紛來太學就讀，從而形成了「諸生橫巷」的盛況。校內建有寬敞的講堂，還建了博士舍。後因政治動亂，太學一度衰落。漢順帝時期

採納左雄等人的建議，修整太學，建造了兩百四十套房，一千八百五十間室，校舍達到了前所未有的規模。

至漢明帝時期，其尊師重教，以太學為核心的學校教育便更為發達。漢明帝曾親臨太學行禮和講經，場面宏大，觀者以萬計。

漢明帝崇尚儒學，大力發展教育，自皇太子、諸王侯及功臣子弟，莫不學習儒家經典，而且令期門、羽林之士通《孝經》章句，當時的匈奴也遣學子前來學習。

漢武帝登基初期，西夏梁太后下詔要求大將軍以下至六百石官員皆遣子入漢進行學習。因此，太學生曾激增至三萬餘人。這樣規模的大學教育，在一千八年前的中外教育史上是絕無僅有的。

漢桓靈時期，由於代表皇權的宦官集團勢力增強，他們為了培養聽命於自己的知識分子，就支持漢靈帝創辦了「鴻都門學」，以與太學相抗衡。這使得太學的地位不斷下降，同時學風也深受影響。

在這種情況下，著名文學家蔡邕等人建議漢靈帝詔諸儒正定儒家經典，便於西元一七五年將其刊於石碑，為古文、篆、隸三體書法以相參驗，樹之學門，作為學者的準則。這就是歷史上著名的《熹平石經》。但儘管如此，太學的發展仍然是江河日下。至東漢末年，由於戰亂頻仍，太學便基本停止了教學。

漢代時期太學，是中國歷史上首次出現的官辦最高學府。它的出現，不僅確立了儒學在古代社會教育中獨尊的地位，

同時也在教育制度、設施、內容、形式等各方面為後世提供了基本的框架。因此，太學在中國教育史，乃至世界教育史上都具有重要意義。

閱讀連結

漢代立五經於學官，置十四博士。各家經文皆憑所見，並無供傳習的官定經本。博士考試亦常因文字異同引起爭端，甚至行賄改蘭臺漆書經字。

東漢靈帝時期，著名文學家蔡邕等人建議將儒學經典《周易》、《尚書》、《魯詩》、《儀禮》、《公羊傳》、《論語》、《春秋》刻石建於太學，隸書體，於是，參校諸體文字的經書，由蔡邕等書石，鐫刻四十六通碑，立於洛陽城南的開陽門外太學講堂，世稱《熹平石經》。字體方平正直，中規入矩，極為有名。

▌漢代太學的優良學風

漢代太學培養了師生良好的行為規範和思想道德風尚。在對待教師上，給予太學博士較高的經濟待遇和政治待遇；在精神面貌上，注重尊師重道，講究學術傳承；在治學上，強調通經致用，並倡導學術研究和爭論，太學生本身學習也相當勤奮。這些都是漢代太學值得稱道的優良學風，至今仍有可參考之處。

漢代太學博士享有較高的經濟，屬於「高官厚祿」之爵。博士的俸祿開始時為四百石，漢代一石折合現在的一百二十

市斤。漢宣帝時增至六百石，俸月為五十斛，漢代一斛為十斗。

六百石是秦漢時期官吏級別高低的界線。睡虎地秦簡中的《法律答問》記載「六百石吏以上皆為顯大夫」。《漢書·惠帝紀》記載，「吏六百石以上」享有減刑減賦的優待。《史記·叔孫通列傳》記載，漢代的六百石以上可以朝駕。可見博士六百石，屬「高官厚祿」之列。

太學還建有「博士舍」供博士們居住。《漢書·王莽傳》記載，太學擴充時，人員增加數十倍，「為學者築舍萬區」。《後漢書·翟酺傳》記載漢光武時「起太學博士舍」。可見漢代的太學內建有專供博士們享用的宿舍。

朝廷還為太學博士特別製作衣冠。朝廷又經常賞給博士酒肉，謂之「勞賜」，表示尊師重道。可見博士們有較優厚的經濟待遇。

博士從先秦時期設置以來，其職掌是不斷變化的。至漢武帝時期博士已經具備了議政、制禮、藏書、教授、試策、出使等六項職能。

議政，就是參議朝政和做顧問。兩漢時期博士議政的內容相當廣泛，包括內外政策、刑法、教育、宗廟等，甚至處罰大臣、廢立諸侯王以至廢立皇帝等大事都參與。

制禮，就是制訂禮儀。這是維護封建皇權的一項重要措施。自叔孫通為漢制訂朝儀之後，博士在各個時期都負有制訂、修改禮儀的職責。

藏書，即博士掌管國家藏書。博士掌管圖書資料，與他們的議政、制禮的職責是密不可分的。

教授，即教授弟子，甚至進宮教授皇帝或太子。例如博士韋賢以《詩》教授漢昭帝，漢成帝做太子時，曾詔請博士鄭寬中和張禹同時分別教授《尚書》和《論語》。

試策，即對應試者有評審和初選權。漢代選拔官吏有兩種方法，一種是「試策」，即地方察舉到朝廷的各科人才，要經過試策之後才能任職。試策由博士主持；另一種是皇帝親自出題閱卷，稱為「對策」。對策也要先由博士、太常提出初審意見，再呈皇帝裁決。

出使，即完成皇帝交給使命，有時去國外，有時在國內。自漢武帝派博士公孫弘出使匈奴，以後相沿成例，如漢武帝時期五次，元帝時期三次，漢成帝時期四次。這國內出使，任務大體如《漢書·魏相傳》所說「察風俗，舉賢良，平冤獄」等。

從這些職能看，說明博士在社會上的地位是不低的，他們享有較高的政治待遇。

漢代太學注重學術傳承。漢代太學的經學傳授系統，是嚴格按照師法家法進行的。嚴格的師法家法，使師生之間的關係緊密地聯繫起來，開創了求師問學和尊師重道的學風。因此，教師的學術被視為弟子學術的淵源，弟子的學術被視為教師學術的延伸。這種學術繼承關係頗類似血緣繼承的父子關係。

教化於民：太學文化與私塾文化

中央官學 太學之本

　　太學經師去世，弟子門生不論處何方、居何職，均有奔喪服喪的義務。經學大師樂恢、樓望、鄭玄等去世時，會葬者就達到了成百數千人。如太學生戴封的教師申君，東海人，病逝於太學，戴封親自送喪到東海。戴封路經家們時，父母準備為他娶妻，但因師喪在身，只「暫過拜親，不宿而去」。這種遠赴師喪的風氣，影響後世甚深。

　　漢代太學還採用了一種新的教學模式，就是既在大班上課，也採取以高足弟子傳授低年級學生的方法。這主要是由於學生太多而教師和課堂太少的緣故。

　　在當時，儘管太學裡已經有了很大的講堂，可以數百人同時聽講，但隨著學生的激增，也仍然無法滿足教學的需要。所以，若「一師能教數千百人，必由高足弟子傳授」。

　　正因為不能進行較多的課堂教學，太學博士都注重學生的自修，並允許向校外的經學大師請教。如王充在太學受業時，就曾拜史學家、文學家班彪為師。

　　太學中鼓勵根據個人興趣自由研究。太學生中的優秀者於「五經」之外，還研究天文、數學等自然科學。太學中也因此出了不少大學問家和大科學家。

　　這種培養方式為以後書院教育所繼承，成為古代教育一個優良傳統。由此也可以看出，漢代太學尊師蔚然成風，與恪守師法家法有著邏輯上的必然聯繫。

　　漢代太學教育的一條重要原則就是「通經致用」。教育的內容是儒家的「五經」，「通經」是為了「致用」，把培

養人才和選拔任用人才結合起來，透過培養具有儒家思想修養的人才來為國家服務。

太學博士公孫弘曾經擬訂了「文學禮義」、「通一藝以上」的方案，作為從太學選拔官吏的依據。也是太學生補官、晉級的條件，而且優先使用「誦多者」。

事實上，自漢武帝時期後，「三公」多是精通儒經的，諸如：韋賢，號稱鄒魯大儒；匡衡因專長於魯詩，位至丞相；貢禹出於通經，徵召做博士，官至御史大夫；薛廣德以經行位至「三公」等。當時社會上有諺語說：

遺子黃金萬兩，不如教子一經。

入學的教師們都以做官來鼓勵努力求學，如《漢書‧夏侯勝傳》記載，夏侯勝在講授說，常對諸生說：士人最怕不明經術。一旦明通經術，取高官顯爵就非常容易。假如不明經術，不如回家種田。這生動地反映了通經術可以飛黃騰達的情況。

東漢時期的情況也是如此，最著名的是桓榮以研究《歐陽尚書》而世代為高官，富貴榮華，致使以前曾譏笑其讀經無用的同族桓元卿大為感嘆。「通經」可以做官，這是「致用」的一個方面；另一方面，做官之後，又可利用經學的知識，為治國者制訂各種政策提供理論依據。

在當時，人們不論做什麼事情都要到經書中去找依據，上自朝廷的封禪、巡狩、郊祀、宗廟一類大事，下至庶民的「冠婚吉凶，終始制度」，都以儒家經典為準繩。官僚上朝言事、禮儀外賓，縉紳大夫待人接物、舉措應對，都必須引

經據典。就連皇帝的詔書，也引用經典。吏員們則用經書來代替法律，「春秋決獄」就是典型事例。

儒學與仕途結合，培養造就了不少忠義之士，他們敢於為民請命，直言極諫，又以儒學律己，修身勵志，保持高尚的道德操行，這是太學通經致用教育的又一重要表現。如漢哀帝時期的鮑宣，曾經冒死阻止丞相官屬行於馳道，並拒閉朝廷使者，被載入史籍。

太學通經致用的教學原則，曾經起過積極的作用，它密切了教育與政治的關係，培養了一批具有儒家思想觀念和道德修養的知識分子，這些人是維護封建大一統的中堅力量。

在強調尊師重道和經世致用的同時，漢代太學也積極倡導學術研究和爭論。從有關記載看，這種學術活動相當活躍和自由，既可以不受身分、地點的限制討論某一專經，又可以討論各種專經與學派，對太學的發展和學風都產生了很大影響。

比如，朱雲曾經跟從博士白子友學習《易經》，又師從前將軍蕭望之學習《論語》。漢元帝想考辨「梁丘學」與其他各家解說的異同，就命令著名學者五鹿充宗與《易經》學各家辯論。

五鹿充宗恃寵而善辯，諸儒不能與他相抗衡，都藉口有病不敢與會。這時，朱雲提衣登堂，昂首提問，聲音震動左右，接連駁倒了五鹿充宗。所以諸儒為他編了一句話說：「五鹿高又高，朱雲折其角。」由此朱雲擔任了博士，遷為杜陵縣令。

再如，漢宣帝時的石渠閣會議，是漢宣帝為了進一步統一儒家學說，在長安未央宮北的石渠閣召集的一次學術會議。當時的名儒蕭望之、劉向、韋玄成、梁丘臨、林尊等，都參加了講論「五經」異同。由漢宣帝親自裁定評判。石渠講論的奏疏經過彙集，輯成《石渠議奏》一書。

經過這次會議，博士將《易》增立「梁丘」，將《書》增立「大小夏侯」，將《春秋》增立「穀梁」。

再如，漢章帝時期的白虎觀會議，在討論過程中也都有博士參加。漢章帝將大夫、博士、議郎、郎官及諸生、諸儒集會白虎觀，講義「五經」同異。五官中郎將魏應承製問，侍中淳於恭奏，漢章帝親臨現場，裁定對錯，決定取捨。這樣一連數月，問題才得以解決。

作為這次歷史性會議結果的集中體現，是《白虎通義》，又稱《白虎通德論》、《白虎通》等，是班固作為史臣對當時的白虎奏議加以系統整理的結果。

從某種意義上說，漢代博士的說經與爭論已成為太學教學的基本形式。它不僅有力地促進了經學研究，而且培養了太學的論辯精神，為提高教學水平和造就高素質的人才奠定了堅實基礎。

太學生的學習勁頭是很足的。一方面是因為必須透過嚴格的考試，才能進入太學，另一方面，透過在太學學習，是一條通經入仕的利祿之路，所以他們的學習是十分勤奮的。

東漢時期大學者王充，年少時以孝著稱鄉里，後到京師太學學習。他「好博覽而不守章句。家貧無書，常游洛陽市

肆，閱所賣書，一見輒能誦記，遂博通眾流百家之言」。後來，王充成為著名的學者、思想家，並著《論衡》八十五篇，二十餘萬言。

太學生的勤奮好學，還表現在他們能夠克服生活的困難，堅持學習。諸如：西漢太學生倪寬，家貧無資用，靠替同學燒飯以自給；翟方進從師於太學博士學習《春秋》，經過十多年，對經學研究得極為透徹，門徒日眾，京師諸儒極為稱讚；公沙穆幼年家貧，立志為學，潛心攻讀《韓詩》和《春秋公羊傳》，並研究當時盛行的讖緯之學，逐漸學有所成，許多學者不遠千里來到他所隱居的東萊山中拜訪他。

有些太學生能夠除外界干擾，專心苦讀。《後漢書·循吏傳·仇覽》記載仇覽學習的故事：仇覽進入太學，當時生員中同郡的符融有很高的名聲，跟仇覽的房子挨著。在賓客滿屋時，仇覽常常堅守自己的心志，不跟符融談話。

符融觀察他的容貌舉止，內心唯獨認為他與眾不同，就對他說，「我和您是同鄉，房子相鄰，現在京城英雄從四方聚集，是志士結交之時，您雖然致力於守住學業，為什麼這樣堅定？」

仇覽於是面色嚴肅地說：「天子設置太學，難道只是讓人們在這裡閒談嗎？」然後向符融高高地拱手施禮離開，不再跟他說話。

像仇覽這樣的太學生還不乏其人，如魏應到京城洛陽，投博士門下受業，習《魯詩》。閉門苦讀，不事結黨交遊，

受到京城學界稱譽。這種閉門讀書，不拉幫結派的風氣是值得稱道的。

漢代太學生很重視同學情誼，有的甚至以妻、子相托或以身相托。比如，張堪以妻子托朱暉，在張堪去世後，朱暉聞知其妻子貧困，就親自前往探視，並厚加賑濟。這在當時的歷史條件下確實是難能可貴的。

漢代太學正是由於培養了優良的學風，因而為朝廷培養了大批官吏和官吏的後備力量，並在促使儒學成為古代封建社會的主流思想，從而鞏固封建政權等方面造成了重要作用。

閱讀連結

東漢時期大臣戴封曾在太學學習時，與他一起學習的石敬平害熱病去世，戴封照料他並為他收殮，將太學配給自己的糧食賣掉，買來一口小棺，將靈柩送到石敬平的家。敬平家中重新收殮，發現敬平走時所帶的書籍衣服都在棺木裡面，從而大為驚異。

戴封後來遇到強盜，財物全被掠奪，只留下七匹絲帛，強盜沒有發現。戴封就追上去送給他們，說：「知道各位不寬裕，所以送給你們。」

強盜震驚說：「這是有才德的人啊！」於是，將東西全部還給了戴封。

▌魏晉南北朝時期的太學

西元一八九年初春，東漢靈帝駕崩。各地勢力借此機遇，風雲際會，由此揭開了古代歷史上魏晉南北朝長達近四百年分裂割據的序幕。

魏晉南北朝是古代歷史上的一個重要時期。它上承秦漢文明，下開隋唐文化之先河。在教育發展上也是如此。各政權設立太學，並制訂其相關制度和內容，開創了古代教育史上的新時期。

在社會變動的情況下，教育與該時代經濟、政治、文化的總體發展是分不開的。就太學而言，各政權的太學設立情況各有不同。

魏文帝於二二四年在洛陽初立太學，以適應曹魏集團的需要。當時依漢制設「五經」策試之法，透過考試的可補掌故、太子舍人、郎中等。

蜀國歷亂時學業衰廢，定蜀後方設立太學。孫吳雖設國學較早，直至二五八年方立五經博士，故其太學的功用甚微。

兩晉時期太學時斷時續。大體上看，西晉時期朝廷由於實現了短期統一，教育呈現了短暫的繁榮。西晉時期本有太學，太子也本在太學讀書，但又立國子學，並將太子遷入國子學。國子學在北齊時期被改為「國子寺」，其後延至清代。東晉時期朝廷國學設立雖早，但每臨戰亂隨即解體。

南北朝時期，各少數民族上層的漢化，為漢文化教育向各少數民族中下層的廣泛傳播提供了條件。他們在各自的國

內，援引漢族名儒，設立學校，漢文化教育沒有因民族鬥爭而覆沒。

如前趙、後趙時期皆設立太學，重視人才的培養。前秦時期苻堅親臨太學，檢查諸生的學習成績。後秦時期姚萇立太學，為的是禮先賢之後。北魏時期不僅太學昌盛，而且郡國學制也普及甚廣，使大批中下層漢族和少數民族人民獲得受教育的機會。

整個魏晉南北朝社會太學的發展雖有曲折，但也絕非完全衰落。問題還在於我們著眼於什麼樣的角度和態度去看待它。或許可以說，沒有這四百年的太學及其他教育形式的發展變化歷程，也不會有隋唐文化教育的鼎盛。這是各族人民共同努力的結果。

魏晉南北朝時期，學校教育制度的演變是個重頭戲。其中包括與太學相關的制度。

曹魏太學正式創立於魏文帝時期，在三國之中當屬最早。魏文帝對太學十分重視。他不僅創立太學，而且奉孔子祀，令魯郡修起舊廟，置百戶吏卒守衛，又於其外廣為室屋，以居學者。他不僅自著《典論》、《皇覽》等著作，而且常常召集諸儒，談論經文，侃侃不倦。

魏明帝對太學也尤為重視，他曾親臨太學，與博士辯論經義，提出問題，讓博士解答。並令群臣皆當研習古義，修明經義。西元二二八年下詔令郡國尊儒貴學，高選博士，西元二三〇年又下詔要求郎官學通一經，才能被任用。

中央官學 太學之本

　　曹魏太學在編制方面，在博士中擇聰明者一人為博士祭酒，總管太學學業諸事。太學博士選拔是侍中、常侍中的儒學最優者。太學生初有數百人，後來增加到幾千人。太學生入學年齡約是十五歲，如鐘會、劉馥都是十五歲使入太學。

　　曹魏太學比後世進步之處在於對入學者的家世背景審查不嚴，太學生入學後只按年齡長幼排定次序，而不是父兄的官位。一些朝廷和地方官吏也為太學薦引了一批人才。如雁門太守牽招從郡中選有才識者到太學受業。這些都可以看出

　　太學絕非被高門獨占。

　　曹魏太學的考試制度與文官考試任用制度合一。具體是：

　　剛入學稱為「門人」；滿兩年並通一經者稱「弟子」；兩年之內不通一經的即被勒令退學；如兩年通兩經者，可以補掌故之官；滿三年通三經者，可升遷為太子舍人，不通者可留級再考，如果透過也可獲郎中之職。

　　曹魏太學的時候還有一些校規，如以年齡長幼而非父兄官職排次序，學生對師長不得無禮，不準酗酒好訟等。

　　蜀太學也立博士，如尹默、許慈子孫皆承其祖業而立為博士。蜀的學術風氣以古文經學為主。這種學風說明儒家古文經學依然是蜀國學術的重點。但在蜀地太學中，術數、讖緯之學和今文經學也摻雜其間。

　　孫吳國學體制大體與蜀相同，有博士制。孫吳的學風以今文經學為主，承漢代之餘風。

魏晉易代，在教育制度上基本承襲魏制，至少在晉代初期沒有大的變化。西元二七〇年晉武帝親臨辟雍，行鄉飲酒之禮，並賜太常博士、學生帛牛酒各有差，表明太學仍存，未加更動。博士也按魏制，設十九人。

　　晉武帝對太學的整頓始於西元二七二年。當時因太學生過多，約七千人，詔令已試經者留之，其餘遣還郡國。大臣子弟堪受教者，令入學，雖經沙汰，仍留有三千人。

　　西晉時期教育體制的重大變化，是為五品以上官僚子弟專設了國子學，形成了貴族與下層士人分途教育，國子學、太學並立的雙軌制。

　　西元二九一年，西晉時期把太學和國子學明確區別開來；學官第五品以上方可入學；天子行禮應去國子學而非太學；太子也應離太學而入國學。

　　西晉時期的太學及國子學仍由祭酒和博士職掌。教學內容的核心仍是儒家經學，於禮學尤為重視。如霍原曾觀太學行禮；晉武帝、晉惠帝皆臨太學行鄉飲酒禮，並祠孔子。根據國子祭酒所奏刻寫石經，課程設置大體與魏相同。

　　整個東晉時期朝廷，教育始終處於時興時廢的狀態。西元三一七年，晉元帝置史官，立太學。西元三一九年又置博士員五人，並使皇太子於太學講經行釋奠禮。博士不復分掌「五經」，而總稱為「太學博士」，說明漢代經師專一經的學風已經改變，博士可以通諸經而非一經。在博士下設助教以教生員，課程設置為古文經學。

教化於民：太學文化與私塾文化
中央官學 太學之本

東晉時期朝廷，太學雖立，但因當時生員崇尚莊老，於儒訓不用心，再加上玄、佛之風，從整個價值觀念上動搖了青年人求學進取的精神，還有政局變動，興廢不斷，故而成效不大。

西晉時期之後，北方各少數民族紛紛進入到了中原，建立起帶有民族色彩的國家。其中有幾個政權在太學建設方面值得一提。

前趙國的劉曜立太學於長樂宮東，設祭酒，教師為宿儒，這都大體與魏晉時期相似。劉曜對太學頗為重視，他曾親監太學，引試學生，優秀者可為郎中。他還命公卿舉博識直言之士，然後親自策試，合格者即拜官。這些說明了劉曜注意以教育來選拔人才，來鞏固自己的政權。

後趙時期對教育比較重視。石勒於西元三一三年立太學於襄國，即現在的邢臺，選將佐子弟三百人為太學生。他還命郡國立學官，每郡置博士、祭酒二人，學生一百五十人，經過考試合格者可拜為官吏。

南燕的建立者慕容德即位後即建立學官，公卿以下子弟及二品士門兩百人為太學生，南燕時期教育帶有明顯的門閥氣味可由此看出。

前秦時期對人才和教育的重視從苻堅開始。他於即位之初即大興學校，創辦太學，並召郡國學生通一經者和公卿以下子孫入校學習。苻堅給予學校太學以高度重視。西元三六二年，苻堅親臨太學，考學生經義優劣，問難五經，博

士多不能對。從此後，他每月去太學一次，從而使太學的學習風氣大為好轉。

成漢政權建立者李雄立國後，在國內興學校，置史官，廣太學，使成漢的學校教育保持了較長的持續性。

整個十六國時期，學校教育的持續性被打亂。但是以儒學為核心的傳統教育並未斷絕，無論各少數民族國家或漢人建立的國家，均視之為教化的重心。這對推動民族融合有著巨大的歷史意義。

南朝時期的學校教育重在國子學。但南朝時期劉宋建立專科學校，並制訂分科教授制度，打破了古代傳統的以經學為唯一課程的學校教育制度，對後世影響很人，是隋唐時期專科學校發展的萌芽，乃至為後代分科大學之權輿。

南朝蕭齊時期和南朝蕭梁時期也以國子學為重。南朝南陳時期的朝廷官學則是國子學和太學並立。

在北朝的北魏時期，朝廷學校有太學、國子學、四門小學，形成了太學、國子學、四門小學三學並立之制。

北魏道武帝始建都邑，便立太學，置五經博士生員千有餘人。北魏太武帝即位後，於西元四六二年又另起太學於城東，並征北方名流范陽盧玄、博陵崔綽、趙郡李靈、河間邢穎、廣平游雅、太原張偉等賢俊之胄為博士，並令各州郡薦舉才學之士，久歷戰亂的北方，儒學由此而興旺起來。

北周政權的學校教育雖不算鼎盛，但也取得一些成就。北周諸帝對教育十分重視，尊師重教，獎掖後學。北周文帝雅好經術，在即皇帝位前，就常去太學看望。北周武帝掀起

了自北魏以來的第二次儒學高潮。他不僅自己親自講經，且針對儒學與佛、道二教的矛盾，讓人廣泛討論，以求共識。這對教育的發展是十分有益的。

魏晉南北朝時期，太學的教育內容，雖然其間有玄學、佛學等的參與，但從當時的總體情況來看，還是以儒為宗。比如有些執政者及若干儒臣在四面玄風、佛風中一度呼喊篤道崇儒，以至於儒家經典仍然是教育培養人才的根本。

總之，魏晉南北朝時期，雖長期處於分裂狀態，但在性質上，與兩漢政權並無二致，缺少的只是長期的大一統而已。所以，各個政權的基本教育制度仍與兩漢一脈相承，因而儒學仍然是各個政權的基本主導思想。

閱讀連結

曹丕在位時間只有短短七年，兢兢業業地做了很多事的。曹丕的詩歌成就很高，是「建安文學」的中堅力量。他的開創性舉措是創立了九品中正制，開創了士族政治之先河。

曹丕重視文教的建樹值得一提。他於西元二二一年，下令人口達十萬的郡國要每年察舉孝廉一人。同年，他又重修孔廟，封孔子後人為宗聖侯。西元二二四年，他恢復太學，置五經課試之法，設立春秋穀梁博士。在短期內使封建正統文化復興。他還修復洛陽，營建五都，推廣儒學文化。

隋唐時期太學的發展

隋唐時期，被稱為封建社會的盛世，諸朝君主重視教育，在繼承前代尊孔崇儒文教政策的同時，擴大了學制、行政建制，還在教育管理方面訂立了一系列制度，並且開創了科舉考試制度。教育的極大進步，使古代太學發展進入一個新的歷史階段。

隋代教育制度頗有建樹。首先是設立了朝廷的教育管理機構國子監。國子監由北齊的國子寺發展而來。國子監設祭酒一人，為全國最高教育行政長官；設丞、主簿各一人，負責管理學生的學習成績和學籍等事宜。

其次是在國子監設朝廷官學，有國子學、太學、四門學、書學、算學，被稱為「五學」。此外還設有律學，屬大理寺管轄。

國子學的生源是貴族及高官子弟。太學的生源門第低於國子學，以教授「五經」為主要內容。四門學生源是庶族子弟，教授「五經」。書學和算學都是隋代創設的。書學招生對象是庶族子弟，教授內容是漢字的「六書八體」，是培養書法人才的專門學校。算學也培養天文、曆法、財務、工程方面的專業人才。

唐代沿襲舊制，並將國子學、太學、四門學、律學、書學、算學等不同類型的學校，稱為「六學」。學習內容總體情況是：國子學、太學、四門學學習儒學經典，律學學習《唐律》，書學學習字書，算學學習數算著作算經。唐高宗時的

西元六六二年，又在東都洛陽設立了一個國子監，與長安國子監合稱「兩監」。

在國子監的統一領導和管理下，唐代太學隨著朝廷官學教育行政管理制度的健全，其教學管理逐漸成熟，形成了較為完善的教育教學制度。

唐代太學教師有博士、助教、直講幾種，都是朝廷有品級的命官。博士分經或分專業授課，直講輔佐助教，依次督課授業。博士一經開課，一門課程沒講完不得調離或充任他職。

唐代太學師生皆有定額，太學博士六人、助教六人，學生五百人。其他朝廷官學也有定額，如國子學博士七人，助教、直講各五人，學生三百人。這些都被載之於《唐六典》和《唐律》等法律條文，必須嚴格遵守。每年學校招生數額根據當年畢業離校的學生數來確定，以保持定編不變，教學秩序比較穩定。

唐代太學制訂了教官考課制度。博士、助教，皆以當年講授多少作為評定等級的標準，還注意從教官的業務水平、教學效果、工作態度等方面進行考核。助教在任職時間內成績優良者可以升任博士，博士在任職時間內治教有方官職也可以晉升。

唐代太學的這種升遷，必須經禮部核對當年的教學工作量，對其教學態度、業務水平和教學效果等進行綜合考察，以決定其進退。這種對教官所進行的晉級考試，是經常化、

制度化的。每年有小考，三五年有大考。國家專設考試機關主持考試。其他朝廷官學也是如此。

唐代太學制訂了嚴格的教學計劃。太學修業年限為六年，六年內必須授完大經、中經和小經等必修和選修課程。大經和中經是必修科目，小經是選修科目，《論語》和《孝經》是公共必修課。

大經修習三年，課程包括《禮記》和《春秋左氏傳》；中經修習兩年，課程為《詩經》、《周禮》、《儀禮》；小經修習一年半，課程包括《易經》、《尚書》、《春秋公羊傳》和《春秋穀梁傳》。

習字是每天不可延誤的功課，太學生每日必書一紙，而且要閱讀《說文》、《字林》、《爾雅》等字書。

唐代人學對教材進行統一編審和頒行。唐太宗曾委託宰相房玄齡召開教材審定會議，並於西元六三三年「頒其所定書於天下，令學者習焉」，從而使儒家學者顏師古的《五經定本》以法定經典的形式頒行全國，成為太學等朝廷官學必須採用的標準教科書。

《五經定本》雖然頒行，但由於對其訓解不一，造成異端峰起，於是唐太宗又詔孔穎達等諸儒撰定《五經義疏》，歷時三年，成書一百八十卷，命名《五經義贊》，後又改為《五經正義》，交付朝廷官學試用。此後又先後對《五經正義》進行兩次審訂，最後於西元六五三年頒行於天下。

教化於民：太學文化與私塾文化
中央官學 太學之本

　　《五經正義》不但成為太學等朝廷官學通用的標準教材，也成為廣大知識分子和社會一般讀書人理解儒家經典的指南針，朝廷舉行科舉明經考試，也以此為評卷標準。

　　唐代太學有禮教內容，有束脩之禮、國學釋奠禮、使者觀禮等，透過這些定期性的隆重禮儀活動，使學生受到崇儒尊師、登科從政的教育，從思想上受到一定的薰陶。

　　其中束脩之禮自孔子開始，當時學生初入學拜見教師時總要帶一些禮品作為見面禮，表示對教師的尊重這種行為叫做行「束脩之禮」。

　　從唐代開始，這種禮儀被朝廷明文規定，成為一種制度。交納束脩的多少，根據學校的等級不同而不同：國子學和太學學生每人送絹三匹，四門學學生每人送絹兩匹，律學、算學學生每人送絹一匹，地方的州縣學生也送絹兩匹。此外，還必須贈送酒肉，數量不限。束脩的分配原則是三分送給博士，二分送給助教。這樣，束脩就從原來只是見面禮而已，變質成官學教師的固定收入項目了。

　　唐代太學建立了嚴格的考試制度。太學所舉辦的各種考試，既是對學生學習成績的檢驗，也是對博士、助教等教學效果的評估。

　　唐代太學考試有三種，包括旬試、歲試和畢業試。

　　旬考每十天舉行一次，在旬假前進行，考十天內所學的課程，由博士主持，旬考分及格與不及格，及格有賞，不及格有罰。

歲試即歲考，在每年年終前進行，考學生一年內所學的課程。由博士主持，考試經義十條，通曉八條為上第，通曉六條為中第，通曉五條為下第。下第為不及格，須當重習，即留級。如果留級後仍不及格，罰其補習九年，九年仍無長進，則令其退學。

　　畢業試在修業期滿前舉行。畢業考試由博士出題，國子祭酒監考。凡通二經或「俊士」通三經者，方準參加畢業試。考試及格者可參加科舉省試，也可由太學補入國子學，還可以直接分派各種官職。

　　唐代對太學生建立了寬嚴有節的休假制，除了國家統一的休假日以外，還給學生適當安排了假期，以保證其身心的健康發展。

　　太學生修業期間安排有假日。常規休假有二種：一是旬假，二是田假，三是授衣假。旬假為每十天放假一天；田假安排在每年「五月人倍忙」之際，是給學生放的農忙假，期限為一個月；授衣假安排在每年九月秋涼，嚴寒逼近之際，期限也是一個月。

　　太學等朝廷官學在這三個固定假期之外，還根據學生的實際情況臨時給假。學生三年內可以請一次探親假。如遇家有特殊情況，諸如父母故去，或發生意外天災人禍，學生皆可請假，校方不得刁難阻攔。

　　學生在家休假期間，遇有特殊情況也可以請求延長假期，學校給假時則可根據路途遠近酌量期限，一般以距校兩百里為延長假期的基數，路途越遠，時日越長。

太學實行嚴格的銷假制度。請假逾期，則做「不帥教」和「違程」處理，勒令退學。

唐代對太學等朝廷官學的管理，很多是透過《唐律》中的教育立法形式來完成的。比如生員毆打師長，則嚴懲不貸。《唐律》還規定，生員在學三年，不回家探望父母，學校必須以道德訓喻，教導他們盡孝道。

閱讀連結

唐代的官學教材《五經正義》引用大量史料詮釋典章制度、名器物色，又詳於文字訓詁，為後人研讀經書提供了方便。書中包含有政治、經濟、文化等方面的豐富內容，是研究者的寶貴資料。《五經正義》地撰著過程中，採摭舊文，取材廣泛，彙集了漢魏、兩晉南北朝時期學者的研究成果，故能融貫群言，包羅古義，在唐代具有很高的權威性。

自《五經正義》始，經學朝著簡明和實用的方向發展，對唐代以後學風由談玄轉向務實，起了一定的促進作用。

▍宋代太學的改革舉措

宋代太學繼續發展，但在這個過程中也有許多變化。北宋初年，國子監仍為中央官辦最高學府，太學僅是其下屬的三館之一。至宋仁宗時期，太學獨立出來，成為朝廷官學的主體，又歷經慶歷、熙豐、崇寧三次興學運動的推動，不斷完善。即使在宋室南渡之後，仍有所發展。因此，宋代太學有許多成就和特色。

宋代太學的學官和教官較多，各朝代設置有所不同，如祭酒、司業、博士、學正、學錄、學諭等。

　　宋代太學中從事教學職責的學官及教官，如宋代前期的國子監的直講，元豐年間的太學博士，他們是教學活動的直接參與者，也是教學活動的管理者，掌分經講授、考校程文，以德行道藝訓導生員。

　　至於祭酒、司業執掌學校政令，負責教學內容審核、教學計劃的編訂及教學質量的考核等。此外，還有學正、學錄考校訓導，學諭「掌以所授經傳諭諸生」。

　　不論何種學官，都有各自的教學和管理的職責，並應在一定範圍內有所作為，履行職責，否則，就有可能被追責任。

　　宋代興辦太學的主要目的，是培養執政的後備人才，尤其高級官吏。為此，太學的教材及教學內容必須為辦學目的服務，也就有所規定和限制，教官不得隨意超越和更改。

　　北宋前期，太學以教授經學為主，經學之外的詩賦文辭常被斥為「浮薄」，教官不得私自講授。

　　熙寧、元豐時期，王安石的新學成為主要的統治思想，占據太學講壇，於是「諸生一切以王氏經為師」。教官不得教授王氏新學以外的「邪說波行」，若有異論，則有所累。這些要求對宋代太學教育影響很大。

　　宋代朝廷南遷之後，理學一度為太學所禁。直至宋代，理學地位逐漸提高，成為教學的主導內容，嚴禁異端邪說。為此，太學教官違犯規定，私自教授朝廷所禁止的內容的，就會受到黜降免職之類的處分。

在教學計劃方面，宋代太學一般有統一的教學計劃和規定，由國子監具體編訂，教官不得擅自更易。教官講授經書是不能有違教學計劃的，否則要受到查究。

太學教官在授課時，若不遵守規定，增加內容，語涉時政，朝廷要追究其責任。西元一一五七年，太學博士陳天麟升堂講說之時，論及朝廷政事，被侍御史彈劾，朝廷因此下詔將其罷黜。

在教學考核方面，宋代有嚴格的規定。考核是教學管理中的重要環節，檢查太學生學習水平及太學的教育教學質量，然後透過獎懲，督促教官在教學中盡職盡守。

如西元一○七一年，太學教官中有「職事不修者」，准許中書門下及主判官監察取旨，不待其三年任滿，即與差替。如有時會以太學生的升舍人數的多少作為評判教官教學質量的標準，升捨生人數少，教官就會受到一定追究和懲處。

學官的教學水平和質量，在生員的試卷上也有所反映。如果生員試卷質量低下，那麼相關教官就會受到追究。跟現代的用升學率和成績考核制度差不多。

宋徽宗在《考校程文官降官御筆手詔》中指出：

近覽太學生私試程文，詞煩理寡，體格卑弱，言雖多而意不逮……

「私試程文」即為私試的試卷，宋徽宗認為太學生程文「詞煩理寡，體格卑弱，言雖多而意不逮」，乃是教官的失職。於是，國子監把被評為考校程文質量低劣的太學最高長官劉嗣明、司業林震、蘇桓，特降一官，以示懲戒。

宋初太學考試無常制，獨立之後，始有公試、私試之分。元豐年間，太學實行興學運動中推出的「三舍法」，形成了較為完備的考試制度，於是，太學考試的形式基本穩定。

　　宋代太學考試有四種：每月一次私試、每年一次公試、兩年一次的舍試及相當於畢業考試的上舍試。其中，私試、公試和舍試由太學學官以及國子監主持，而上舍試則由朝廷差官組織，學官不參與考校。

　　為確保考試的公平公正，宋廷要求太學學官在考試中恪盡職守，倘若「弛慢不公，考察不實」，則「重加譴責」。

　　太學私試屬於日常檢查學業的考試，由太學教官自主考校。如果太學學官專縱徇私，一旦發現即遭懲處。

　　如北宋哲宗時期的一〇八十年正月，殿中侍御史呂陶彈劾國子司業黃隱有「私妄之跡，眾所不服」。國子司業是祭酒之外的太學最高領導，而黃隱在任職期間不能以身作則，不與祭酒、博士共同公正定等，而是徇情枉法，影響極為惡劣。宋哲宗根據呂陶等人的奏劾，於當年八月即將黃隱降為鴻臚少卿。

　　為杜絕太學此類私試責任事件的發生，南宋高宗下詔明令：「自今太學私試，學官考校失當者，令禮部按劾以聞。」也即由禮部監督並追究學官的私試責任。此外，針對部分學官私試中未盡其職，敷衍了事的情況，朝廷亦要求監察部門予以嚴查和追究。

教化於民：太學文化與私塾文化
中央官學 太學之本

　　相較前代而言，宋代對太學的控制明顯加強。私試時，生員諷喻時政或有邪說悖行，學官必須嚴查深究，若沒有及時發現或嚴肅處理，就要承擔相應的責任。

　　如北宋時期王安石執政的特殊時期，曾經有太學生在策問時，妄議朝政，而學官在策試中未能覺察生員非毀時政，而且評為優等。王安石得知後大怒，視其為嚴重失職，於是罷逐了本次策問考試的所有學官。

　　升舍考試包括一年一次的外舍升內舍的「公試」和兩年一次的內舍升上舍的「舍試」。因宋代舍選考試成績一般與保奏除官直接關聯，故升舍尤其是升上舍考試對太學生員至關重要，朝廷亦特別重視。

　　為維護升舍試的公平公正，朝廷多次頒布嚴格的規章法令，約束學官。如元豐年間的學令中就明文規定，發現考試作弊者，按違制律論處，學官一律降職。靖康年間再次申明，敢於憑自己的好惡決定生員去取，則罷黜其職。

　　起初，太學每年公試，以司業、博士主持，後來針對學官主持公試有「私取」之嫌，便改由朝廷差官主持，並且去取降敕，學官不得干預。

　　在宋代法令中還有不少相關規定，無非是要求學官奉公守法，嚴格考試，避免責任。為此，朝廷對主管學官在升舍考試過程中，公然收受賄賂的腐敗行為，往往給予相應追究和嚴厲制裁。如元豐年間，太學的最高長官沈季長因收受學生的竹蓆、陶器，被削職停官。其懲罰之嚴厲可見一斑。

為了防止學官受賄，宋代又從源頭上採取措施，加強生員和學官的管理。如規定太學學官不能隨意接見生員，更不能接受賄賂，即使茶果酒食之類也要受到處罰。

太學教官負責常授業訓導，與生員比較熟悉，很難避免個人情感、好惡的影響，導致升舍考校有失客觀、公允。這對學風以及社會風氣都有消極影響。

為了維護升舍考試的公正性和權威性，在升舍考校之中，學官如果因徇私情，即被追究和懲治，追懲的程度幾乎與嚴懲貪贓相同。西元一一九〇年五月二十八日，太學博士林致因「廢公營私，貪冒苟得」而放罷。總之，學官在考試中的任何失職、瀆職行為，尤其是徇情貪贓，都有可能受到相應的責任追究。

生員管理是宋代太學教育管理的重要內容，直接關係到教育教學的質量，以及太學的學風和穩定。

宋代朝廷除制訂一系列的齋規舍約直接約束生員外，還對學官日常管理生員提出了嚴格要求。也就是說，學官除了承擔教學、考試的責任外，還在平時訓導、事件處置以及舉薦職事學官等方面同樣有不可推卸的職責。若有舉措不當，以及連帶關係，都會受到追究。

太學學官言傳身教，以德行道藝訓導諸生。若生員行為悖於道義公法，也就意味著教育的失敗，說明學官沒有完全盡到教導的責任。因此，生員踰越規矩，朝廷除懲戒生員外，也要追究學官的責任。

教化於民：太學文化與私塾文化
中央官學 太學之本

　　如西元一一一二年五月，大司成張邦昌因「訓導無素，生員犯法」，被降兩官。大司主管國子監及內外學事，曾取代祭酒成為太學的最高長官。朝廷既然能夠追究太學的最高官吏，那麼，至於太學的其他官吏，更是如此。這也必然強化了太學日常訓導的管理責任。

　　朝廷在太學生員管理中力求安穩，多以安撫為主。在日常的教學和生活管理中，學官如果處置事件失當，影響穩定，造成後果，就會受到追究和處罰。

　　南宋初期，知名理學家楊時執掌太學，欲以理學取代王安石的新學，但當時諸生習用王學已久，聞之不滿，輿論譁然。結果諸生聚眾見楊時，當面詆詈他，以致楊時特別被動。面對如此局面，宋高宗雖然賞識楊時，但迫於形勢，不得不以楊時「不能服眾」為名，下詔罷免其祭酒之職。

　　此外，即使生員激變與學官無關，學官有時也會自請失職之罪。如宋欽宗靖康年間，司業黃哲等以太學諸生直接向皇帝上書奏事，自請受責，但當時國家形勢危急，故皇帝好言撫慰，並未追究他們的責任。

　　宋代太學生員管理和培養有所創新，生員如果學行卓異，就有可能被薦舉為職事學官，擔任齋長、齋諭，參與太學管理，提高能力和水平。

　　齋長、齋諭為太學內部最基層的學官，朝廷不直接選擇和任命，多靠學正、學錄等薦舉任命。其中，學官的薦舉尤為關鍵，而學官如果不能出以公心，客觀公正地薦舉，也就有可能引發相應的責任。

宋代為了加強太學的管理，有效監督學官，明確了學官的責任，制訂責任追究的制度，並加以實施，從而維護太學的正常教學秩序，保障太學的正常運轉。

　　在宋代太學教育管理的責任追究中，主要涉及考試、教學、生員管理等方面；追究手段比較豐富，有罰金、降職、罷黜等，以行政處罰為平，刑事責任方式甚少，而對於貪贓受賄等，則降職罷官，甚至永不敘用。

　　這在官本位的古代社會，實為一種非常嚴厲的處罰，表明中國古代教育管理水平已經有了較大提高，給後代以很大影響。

閱讀連結

　　北宋時期，科舉考試與學校教育之間的矛盾更為突出，甚至成為調整社會矛盾，有志之士在提出政治經濟改革的同時，紛紛提出興學育材，發展教育的主張，形成了北宋初年三次聲勢浩大的興學改革運動。這就是范仲淹發起的慶歷興學，王安石發動和領導的熙寧、元豐興學，蔡京執政時發起的崇寧興學。

　　宋代三次興學運動的突破口均為太學，太學的改革是整個官學改革的龍頭和樣板。興學跌宕起伏，延續了七八十年之久，使宋代太學得到了改善和擴充。

▎元代國子學的沿革情況

南宋時期，古代太學在元代又有了一些新的變化。元世祖統一全國以後，在採行漢法的同時，也積極採取措施，推動本民族文化教育，其教育的長足發展，在蒙古族乃至古代教育史上放出異彩。

元代教育首先在機構設置上與以往不同。元代設漢文國子學、蒙古國子學、回族國子學。

國子學或國子監，都是古代封建社會的教育管理機關和最高學府，都具備了兩種功能，一是朝廷管理機關的功能；二是朝廷最高學府的功能。所不同的是，「國子學」是傳授知識，指向教育和最高學府的功能；「國子監」是督查監管，指向朝廷教育管理的功能。

事實上，元代國子學的設立相對於「太學」而言，除了是朝廷傳授經義的最高學府外，更多地承擔了朝廷教育管理的職能；但同時，國子監與太學也可互稱，經常用太學來指代國子監。因此，元代的國子學也就是元代的太學。

西元一二六九年，元世祖設立了漢文國子學。漢文國子學以漢語授課，傳授儒學文化，生員先學《孝經》、《小學》、《論語》、《孟子》、《大學》、《中庸》，後學《詩》、《書》、《禮記》、《周禮》、《春秋》、《易》。

漢文國子學配備的老師分為蒙古司業，以及蒙古博士、助教、教授、學正、學錄、典給、典書等職。漢文國子學最初學員定額為兩百人，後來增加至三百人，其中蒙古學員占一半以上。

此外，至元代初期還設置了漢文國子監，選七品以上朝官子孫為國子監生員，隨朝三品以上官員可以舉薦俊秀的平民子弟入學，成為陪堂生伴讀。因此漢文國子監是蒙古族生員學習漢族文化一個主要場所。

當時，著名學者許衡、馮志等人被延請到國子學執教。漢文國子監學的師儒們為了搞好教學，對生員們實行了升齋等第制、私試規矩制和黜罰科條制，調動了生員的學習積極性。

西元一二七一年元世祖在京設立蒙古國子學。蒙古國子學中的教師與漢文國子學大同小異。蒙古國子學生員數量最多曾達四百多人，其中有一定比例的庶民子弟。

蒙古國子學以蒙古族生員居多，但也選取朝中漢人、色目人、南人百官的子弟入學。蒙古國子學主要用蒙語授課，以蒙古語譯寫的《通鑑節要》為主要教材，學習結束後，出題考試，成績優異者，量授官職。

另外，元代朝廷還在上都即位於今內蒙古自治區錫林郭勒盟正藍旗境內的西夏都城設立了國子分學，其授課時間與皇帝巡幸上都的時間基本一致，其餘時間都在大都上課。

元代蒙古國子學也是生員學習漢族文化的一個主要場所。當時的師儒們為了做好教學準備，對生員們實行了諸多有效的管理辦法，為元代朝廷輸送了許多合格的官吏。

西元一二七七年，元代朝廷還設立了蒙古國子監，蒙古國子學歸其所管。監內設祭酒、司業、監丞、令史、知印等職。

教化於民：太學文化與私塾文化
中央官學 太學之本

蒙古國子監既是管理機構，也是教學機構，它和蒙古國子學一道，為朝廷培養了眾多的蒙古族人才。

元代的蒙古國子國子監呈現了發展的態勢。不僅師儒之職完備，而且生員的數量最高曾經達四百多人、生員當中，庶民子弟也占一定的比例。它和蒙古國子學一道為元代朝廷培養了眾多的蒙浯人。

元帝國時期，在擴張過程中與西域多有接觸。元代，任用和吸引了一批西域人，其中最著名的有天文學家波斯人哈魯丁。西元一二八九年四月，元代尚書省的臣員進言說：

亦思替非文字宜施於用。今翰林院益福的哈魯丁能通其字學。乞授以學士之職，凡公卿大夫與夫富民之子，皆依漢人入學之制，日肄習之。

翰林院益福的哈魯丁所掌者為教習亦思替非文字。亦思替非文字是古代伊朗人所創造的一種特有的文字符號系統及計算方法，用以書寫國王及朝廷有關財務稅收，清算單據，稅務文書等。阿拉伯哈利發帝國興起後繼續用這種文字以管理和書寫有關財務稅收事項，是一種具有保密性又便於統計數目的文字。

亦思替非文字不是一般的波斯文或阿拉伯文，而一種專門學問，其中有較為精密的數學統計方法。翰林院益福的哈魯丁掌握這種學問，也可算是「絕學」了。

朝廷採納了尚書省的這個意見議，在西元一二八九年八月設置了回回國子學。元仁宗執政時期，朝廷又設置回回國子監。回回國子監管轄回回國子學。

在回回國子學中，教師們用正規的辦法訓練通曉亦思替非文、波斯文和阿拉伯文的翻譯人才。元代朝廷讓相當一部分蒙古族兒童在回回國子學就讀，目的是培養諸官衙口的翻譯人才。

元代建立的回回國子學是一所外國語學校，與元代朝廷的對外貿易有關。這是蒙古族教育史，乃至古代教育史上最早建立的一所外國語學校。中國至今使用的阿拉伯數字，就是在元代時期來華穆斯林帶來的。

閱讀連結

元大都有一條國子監街，位於現在的北京安定門內大街路東，是元世祖忽必烈於西元一二八六年修建的。街道中段的兩座牌坊題名為「國子監」，實為太學標誌。元世祖忽必烈在西元 二七四年進駐大都以前，太學設在大都城西南方的金中都城樞密院舊址，首任祭酒是學者許衡。

有趣的是，元代太學的放學時間，居然以日影轉到後院為準。崇文閣前有一棵古槐，相傳是元代首任祭酒許衡手植，史載「國學古槐一株，元臣許衡所植。」枯萎多年以後，曾於西元一七五一年發芽重生。

▋明代的國子監及管理

明代之初，就以文教治天下為基本國策，把學校列為人才培養和選拔的途徑之首，並在全國大興學校。當時國子監同樣稱為「太學」。

教化於民：太學文化與私塾文化

中央官學　太學之本

　　明代設立的國子監有：南京國子監、北京國子監和中都國子監。南京和北京的國子監也稱「南北監」或「南北雍」，包括中都國子監在內，它們統一稱為「太學」。

　　明代朝廷最早在南京設立國子學，由應天府學改建而成，西元一三八二年改定為國子監，是當時朝廷最高教育行政機關和最高學府。這是在當時中國最大的國立大學，在世界上也是最高學府之一。

　　南京國子監規模宏大，校內建築相當完備。除了有射圃、倉庫、療養所、儲藏室外，教室、藏書樓、學生宿舍、食堂，就有兩千餘間。

　　教學和管理設有五廳和六堂。五廳，即繩愆廳、博士廳、典籍廳、典簿廳和掌撰廳，六堂，即率性堂、修道堂、誠心堂、正義堂、崇志堂、廣業堂。六堂既有分班，也有分年級的性質。

　　北京國子監是在西元一四二〇年明代朝廷遷都北京後改定的元大都國子監，於是明代國學有南北兩監之分。北京國子監是元明清三代管理教育的最高行政機關和朝廷設立的最高學府。

　　北京國子監整體建築坐北朝南，中軸線上分佈著集賢門、太學門、琉璃牌坊、辟雍、彝倫堂、敬一亭。東西兩側有四廳六堂，構成傳統的對稱格局，是中國現存唯一一所古代中央公辦大學建築。

　　西元一三七五年，明代朝廷於鳳陽設置中都國子學，與南京國子監、北京國子監同時並存，但是中都國子學選收的

學生，均為北京國子學考試優選之後的生員。西元一三九三年，朝廷罷中都國子監，將其師生併入北京國子監。

明代國子監的教職設有祭酒、司業及監丞、博士、助教、學正等，由「當代學行卓異之名儒」充當。學生稱為「監生」或「太學生」。

明代國子監學生的來源大致有貢監、舉監、蔭監和例監的區別。貢監是由地方府、州、縣儒學按計劃年選送在學生員貢國子監的學生；舉監是會試落第舉人直接入監的讀書者；蔭監是以蔭襲而入監的國子監學生；例監是捐資財入監讀書者。

按出身看，國子監學生又有民生和官生之分。民生是國子監出身庶民的學生，而官生是國子監學生中以恩蔭入監的品官子弟。總之，進入國子監出於資格、來源的不同，雖然都是國子監學生，稱謂卻很不相同。

國子監學生西元一三九三年增加至八千多名，至西元一四二二年已增加至九千九百多名，可謂盛極一時。明朱武宗時期以後學生只剩千餘人。至明代景泰、弘治之際，學生「奸惰」，教師「失職」，課業乃廢。明景泰時期以後，出現了用錢買國子監入學資格的「例監」現象，與明代初期太學相比，已是有名無實。

明代朝廷規定，必須入國學者才可當官，不入者不能得，參加科舉考試的必須由學校出身，即所謂科舉必由學校，而學校起家不必由科舉。這些在《明史》中都有比較詳細的記載。

　　為了培養封建社會的「文武之才」，使國子監學生「能出入將相，安定社稷」，歷代都規定「五經」或「四書」作為國子監的主要教材。明代也不例外。

　　明代國子監具體對學生課以名體達用之學，以孝悌、禮義、忠信、廉恥為之本，課程以《易》、《詩》、《書》、《春秋》、《禮記》等經典為專業教材，人習一經；以《大學》、《中庸》、《論語》、《孟子》為普通基礎課。此外，還涉及劉向《說苑》及《御製大誥》、《大明律令》等時政文獻。生員還要學習書法。

　　朝廷對國子監的管理都很嚴格，頒行了各種管理制度，包括考試升降制度、歷練政事制度和放假制度等。國子監監生可以在監內寄宿，而且還發給燈火，供給膳食，享有免役的權利。

　　明代洪武和永樂年間，國子監還接受鄰邦高麗、日本、暹羅等國的留學生。

　　明代國子監教育管理機構及其管理，在培養文武官吏，造就各種專門人才，繁榮古代學術文化，納育各國留學生，促進中外文化交流乃至傳承中華民族悠久歷史文化等方面，都造成了非常積極的作用。

閱讀連結

　　明王朝的第一位皇帝是朱元璋，他辦了許多學校，不僅有中央級別的國子監以及地方的府州縣學，甚至還詔令設立社學，也就是鄉村小學。

朱元璋還注重教育自己的孩子，幫助孩子選擇一些內容健康、情調高雅的課外讀物，以保證孩子接受正面教育。此外，他還經常為太子朱標進行艱苦創業和勤儉守成的教育，讓他接觸實際，帶他到農民家中，詳細觀察農民的衣食住行，瞭解百姓的生活、生產情況，以達到「察民性好惡以知風俗美惡」的教育目的。

清代的國子監及管理

清代初期，修整明代北京國子監為太學，裁南京國子監，改為江寧府學。清代朝廷官學主要指京師的國子監，包括附屬於國子監的算學、八旗官學。

清代國子監是全國最高學府，設祭酒滿、漢各一人，司業滿、蒙、漢各一人，職在總理監務、執掌教令。博士滿、漢各一人，助教滿十六人、蒙八人、漢六人，學正漢四人，學錄漢二人，職在教誨。典籍漢一人，掌書籍碑版。典簿滿、漢各一人，掌文牘事務。從維正時的西元一七二五年起，更置管理監事大臣一人，不拘滿、漢，地位在祭酒、司業之上。

國子監的生員，來源很多，共分兩大類。一為貢生，一為監生。貢生有歲貢、恩貢、拔貢、優貢、副貢、例貢這「貢」，監生有恩監、蔭監、優監、例監「四監」。

歲貢，有地方貢於國家之意。府、州、縣學按照規定的時限與數額，將屢經科考、食廩年深的生員，依次升貢到國子監。

教化於民：太學文化與私塾文化

中央官學 太學之本

　　西元一六四五年，清代朝廷命中央直屬各省起送貢生，府學每年一人，州學三年兩人，縣學兩年一人。各地貢生到京後，要進行廷試。時間是每年五月十五日，後改為四月十五日。如有濫充者，即發回原學。一省發現五名以上，學政要被罰俸。

　　恩貢，是歲貢在特殊情況下的改稱。清代沿明代制，凡國家有慶典或皇帝登極，便頒布恩，以當年的歲貢生充恩貢。

　　拔貢是常貢之外所行的選貢之法。各地儒學生員，經過考選，凡學行兼優、年富力強、累試優等者，得以充拔貢。

　　順治時的西元一六四四年，首舉選貢。順天府特貢六人，每府學貢兩人，州、縣學各貢一人。清代初期為六年考選一次，乾隆時期改為十二年一次．

　　副貢，各省鄉試除錄取正卷外，另取若干名為副榜。中副榜者，可以作為貢監，入國子監肄業，稱副貢。

　　優貢，類同拔貢，每三年考選一次，舉送的次數比拔貢多．

　　讀書士子除了參加科舉考試者外，由此而入仕途的，亦謂之正途。五貢就任官職，按科分名次和年份先後，恩、拔、優、副貢多以教諭選用，歲貢多以訓導選用。但在具體實行中，常有變動。

　　在五貢之外，還有例貢。凡儒學中的廩生、增生、附生，按朝廷規定報捐為貢生的，稱「例貢」。這是當時由捐納入官的必由之路，由於是出資捐買而得，很為一般人所蔑視。

例貢或在監肄業，或在籍，均可稱為「國子監監生」。乾隆年間議準，例貢如果志在由正途入仕，準其辭掉例貢頭銜，以原來的身分參加科舉考試。

　　在貢生之外，還有監生，包括恩監、蔭監、優監和例監。

　　恩監，乾隆年間開始實行，主要是選拔和照顧一些資歷、身分較特殊的士子，恩準入監肄業。乾隆時的西元一七三七年，準八旗漢文官學生應講求經史，每三年奏請欽點大臣考試，優者拔作監生，與漢貢監等一體肄業。

　　後又議準，八旗算學生、漢算學生、欽天監天文生均準考恩監。西元一七八六年規定，凡陪祀孔廟的聖賢後裔，本人是武生俊秀及無功名頂戴的俊秀，均恩准做監生。蔭監，又分恩蔭和難蔭兩種。恩蔭是按內外文武官員品級，蔭于入監。

　　西元一六四五年，定文官中京官四品、外官三品以上，武官二品以上，可送一子入監。從一七一三年開始，宗室也給蔭入監。一六四六年，定滿、漢三品以上官員，三年任滿，勤於國事而死者，可蔭一子入監。

　　雍正年間以後，特別體恤軍功死難者。凡八旗武職立功身故，無論功績大小，是官員的，給七品監生一人，是護軍校、驍騎校的，給八品監生一人，均於子弟內補充。

　　西元一七三九年規定，八旗武職立功病故，所給的監生，按立功等第定監生品級。一二等軍功，給該員子弟監生一人，食七品官俸，三四等軍功，給該員子弟監生一人，食八品官

俸，五等軍功，給該員子弟監生一人，照捐納監生例，准其應鄉會試。

優監，與優貢雷同，唯入監條件略有降低。西元一七三三年規定，在地方儒學為附生及武生的，可以選為優監生。

例監，與例貢雷同，但條件更放寬。凡未取得生員資格的讀書士子，即俊秀，可以透過捐納而取得監生資格，稱「例監」。

貢監生入太學後，依次到六堂研習。六堂分為三級：正義、崇志、廣業堂為初級，修道、誠心堂為中級，率性堂為高級，根據學習成績遞升。

國子監的監生，又分為內、外兩班，內班是住在監內的，有膏火之資。外班則散居監外各地，無膏火。外班補內班，要經過考試。內班貢監生的告假等事項，都要按嚴格的規定辦理。

清代初期，內班共有監生一百五十名，每堂二十五名，外班一百二十名，每堂二十名。乾隆初，改內班每堂為三十名，這樣內、外班共三百名，既而又裁減外班一百二十名，撥年班二十四名為外班生。

國子監授課和考試的辦法是：每月初一、十五師生向孔子行祭奠禮畢，聽助教或學正、學錄講解經書，然後要進行覆講、上書、覆背，每月三回，週而復始。

所習內容為「四書」、「五經」等，還有兼學習「三經」和「二十一史」的。每人每日要摹名帖數百字，並立日課冊，按期交助教等查驗。

　　每月十五，祭酒、司業輪換考課四書文一篇，詩一首，稱「大課」。一般是司業月考，祭酒季考。另外，每月初一，在博士廳課經文、經解和策論。每月初三及十八，助教、學正和學錄還要分別主持考課，試四書文、經文和詩策等。

　　監生坐監的期限，始初各種貢監生並不一樣。恩貢、難蔭、由廩生出身的副貢，時間最短，為六個月。其他有八個月、十四個月、二十四個月的。例監最長，為三十六個月。西元一七二七年規定，各監生肄業，均以三年為期。修業期滿後，可應吏部銓選，以教諭、訓導等選用。

　　清代，還有兩種學校隸屬於國子監，即國子監算學和八旗官學。

　　算學，西元一七三九年額設滿、蒙、漢肄業生共六十人，學習五年期滿，分授欽天監天文生及博士。

　　八旗官學，係為培養八旗子弟而設。西元一六四四年，八旗駐地各建學舍，為八旗官學，次年，合兩旗官學為一學，教習在國子監肄業生中考選，主要用恩、拔、副貢生。西元一七二七年，定每旗設學額一百名，其中滿洲六十名，蒙、漢各二十名。

　　乾隆初期，定官學生肄業以十年為期，其中漢文明通者，拔為監生，升入太學。官學中的漢教習，三年期滿，分等引見。一等用知縣，二等用知縣或教職。

清代末年，官學漸漸廢弛。太學生並不務學，多納粟入監，並為科名而學，為世人所輕視。太學教育日趨沒落和形式化。閱讀連結

　　清代諸帝對國子監非常重視。是清朝入關後的第一位皇帝，他於西元一六五二年親自視察國子監，以後歷代相沿，成為定制，稱為「臨雍講學」。清聖祖玄燁、雍正、弘曆都很關注國子監的教育。乾隆於西元一七八五年親臨辟雍時，舉行了隆重盛大的講學典禮，其臨雍之儀、講學之禮又歷代相沿，成為定制。

　　不僅如此，清代皇帝還為國子監開列教條教規，如康熙為官學作《御製學校論》、雍正修正《聖諭廣訓》等。國子監彝倫堂內恭懸六位皇帝對國子監的六道敕諭。

地方私學 私塾

　　私塾是私學的一種，是私學的初級教育階段。它發軔於春秋時期，中經兩漢、魏晉南北朝時期，成熟於唐宋時期，興盛於明清時期。作為人才培養的搖籃，它與官學相輔相成，並駕齊驅，共同為傳遞中華傳統文化，培養人才，勤苦耕耘，不懈奮鬥，做出了不可磨滅的貢獻。

　　私塾在發展過程中，不斷總結經驗，探索規律，摸索出適合兒童身心發展規律的教學原則和方法，並建立健全了一系列教育教學管理的規章制度，為繼承發展祖國文化事業作出了極其重要的貢獻。

▌西周時期鄉學的塾之教

　　太學是古代官辦的教育形式，伴隨其一同發展演變的，還有民辦的教育形式，這就是私學，而私塾乃是私學的主體。私塾作為中國最早的民間教育形式，它的由來可以上溯至西周時期。

　　私塾是從西周時期鄉學中的「塾」發展過來的。西周時期的學校教育分為國學和鄉學，塾只是鄉學中的一種形式。鄉學是透過鄉遂制度而建立起來的。

　　據周公撰寫的《周禮》中的《大司徒‧鄉大夫》記載：「五家為比，五比為閭，四閭為族，五族為黨，五黨為州，五州為鄉。」這是西周近郊的「鄉制」。

　　《周禮‧大司徒‧遂大夫》記載：「五家為鄰，五鄰為里，四里為酇，五酇為鄙，五鄙為縣，五縣為遂。」這是西周時期遠郊的「遂制」。

　　居住在六鄉的平民，叫做「國人」，他們多為士或庶人，他們的子弟有進入鄉學受教育的權利。居住在六遂的都是奴隸，叫做「野人」。六遂不對奴隸子弟設學校。

　　《周禮‧地官‧司徒》對六鄉之屬規定：鄉學由西周掌土地和教化的司徒負責總的領導。在司徒所屬的官員中，與鄉學有關的依次有鄉師、鄉大夫、州長和黨正。

　　鄉師掌管所治理之鄉的教育，評斷鄉中官吏的治理情況；鄉大夫掌管本鄉的政教和禁令；州長掌管本州有關教育、治

理、行政和禁令的法則；黨正掌管本黨的行政、禁令、教育和治理。

司徒在負責六鄉的工作中，具體規定鄉學教育內容，即「六德」、「六行」和「六藝」。

六德包括義、忠、智、和、聖、仁，即君德、臣德、夫德、婦德、父德和子德；六行包括孝、友、睦、姻、任、恤，即孝順父母、對人友善、鄰里和睦、婚姻美滿、任賢與能和體恤百姓；六藝包括禮、樂、射、御、書、數，即禮教、樂教、射箭技術、駕車技術、書法和算術。

鄉中各級官員把在鄉里中德行道藝兼優者層層推舉到上級領導的部門，並以「書」的形式記錄並被推薦者的事跡材料，供遴選錄用時參考。這個過程叫「選士」。

鄉里面如果有不遵循教導的人，就要報告司徒，然後透過習禮來感化他們。屢教不改的人便「移之遂」，由遠郊的遂去感化。如果還不變，最後才「屏之遠方，終身不齒」。

在西周時期鄉學中，塾還不是真正的學校。《周禮》中稱最初的塾是建在大門旁邊的房子：

百里之內二十五家為一閭，同共一巷，巷首有門，門邊有塾。

幾十家共處一巷，自然需要有人管理。於是，早晚由父老坐在巷首門側的「塾」中，監督檢查人們是否按時出工，是否遵守秩序，是否敬老尊長等。

教化於民：太學文化與私塾文化

地方私學　私塾

　　西周時期鄉學中的「塾」之教雖然也起著管理和教喻的作用，但還不是嚴格意義上的學校，並不是後來的人們所說的私人家庭教育中的「家塾」或「私塾」。但隨著士人階層的出現，中國古代私塾教育就逐漸形成了。

　　西周時期住在六鄉的士人階層是鄉學中塾教的主要力量。《尚書大傳·略論》記載：

　　大夫、士七十而致仕，老於鄉里，大夫為父師，士為少師。

　　也就是說，周代的大夫和士七十歲退休後，就回到鄉間教書去了。

　　士人階層是加入鄉學教師行列的退休官員，在古代民間辦的鄉學中發揮了重要作用，以至於催生了私塾的誕生。在當時，由於社會生產力的發展，促使社會內部出現了新的分工，即體力勞動和腦力勞動的進一步分工，產生了專門生產精神財富的腦力勞動者。於是就產生了一個新的階層「士」。

　　「士」是一個有強大生命力的階層。自從西周滅商實行分封制後，各諸侯國的執政者從鞏固自己政權的需要出發，競相「招賢納士」，於是出現了「養士」之風，「士」成為一個比較重要的社會階層。

　　「士」是古代的知識分子。不少人以此作為進身之階，即透過讀書成為「士」，然後再「學而優則仕」。在這樣的背景下，私學的產生就是自然而然的事情。

周公撰寫的《周禮》這本書，內容不僅包括鄉遂制度，還記載了周代的其他官制，全面地保存了治理國家的體制。其實，《周禮》的內容完全可以反映出周公的偉大。

私學產生以後，由於其傳播儒家文化的需要而大量產生並且穩定下來，雖歷經戰亂而綿延不絕。而私塾作為私學主體，在中國西周至清末漫長的歷史進程中，發揮了重要的教化育人的作用。

閱讀連結

周公的治國思想幫助周武王開創了周王朝八百年基業，為民族融合、政治革新、國家統一作出了巨大貢獻。周公提出的重倫理、輕逸樂、好儉樸、樂獻身的君子風度和集體精神，經後人整理、修正、總結，漸次形成了古代精神文明的大典。

▌孔子開創私學教育先河

孔子十七歲時，魯國有位孟僖子，政治地位僅次於季平子，是魯國第三號人物。

西元前五三五年，孟僖子陪同魯昭公出訪楚國，途經鄭國抵楚，在引導魯昭公參加對方歡迎儀式時，因為不懂禮節而出醜。

孟僖子為此慚愧之極，歸國後便到處向人求教，曾向青年孔子問禮，孟僖子從此十分敬佩孔子的學問。後來，孟僖子重病在床。臨終之際，他將兩個兒子叫到床前，長子孟懿

子快三十歲了，次子南宮适也已十多歲了。孟僖子向他們講述禮的重要，講述了自己不知禮所得到的教訓，又講述了他很敬佩的人孔子的家世。

他說：「聽說我們魯國出了個通達明禮、學問淵博的人，他就是孔丘。我告訴你們，他是聖人商湯的後代，他的祖先有功於宋國，曾輔佐過三位國君。他們雖然地位很高，但謙虛謹慎，可見孔丘的祖先有謙恭的美德。祖先有美德，其後世必定出現聰明通達的人。現在孔丘年紀才三十多就已經知道許多學問，懂得許多禮節，他就是今天的聖人！我死後，你們要拜他為師，向他學禮。」

於是，孟僖子的兩個兒子都拜孔子為師，也成為孔子開辦私學的第一批弟子。

孔子生活的春秋時期，舊制瓦解，官學下移，民間產生了許多掌握知識的學者，並進行著書立說。與此同時，民間私學教育也有了萌芽。正是在私人著述和私學教育萌芽之後，孔子開始了興辦私學的創舉。

如果說春秋戰國時期私學的發展是小規模的、不分層次的，那麼，就可以把當時的私學直接稱之為「私塾」。

其實在孔子之前，或與孔子同時，就有許多著名學者興辦私學，只不過是以孔子新辦私學的規模和影響力最大。孔子辦學之後，推動了私學的進一步發展，於是古代中國出現了許多民間的學術團體，許多著名學者帶領門徒四處講學，於是百家爭鳴蔚然成風，形成了春秋戰國時期的眾多學派，出現了一種思想自由、學術繁榮的新風氣。

孔子在三十歲左右時，他開始招收第一批弟子，這中間有顏淵的父親顏路，曾參的父親曾點，還有子路、伯牛、冉有、子貢、顏淵、閔損等人，以及魯國貴族孟僖子的長子孟懿子和次子南宮适。

　　孟氏是魯國掌權的貴族，自從孔子吸收了孟氏兄弟入學後，孔子辦學的經費得到了國家的補助，私學的規模越來越大。

　　這批孔子招收的第一批弟子，他們在孔子那裡，主要是學習「六藝」，即禮、樂、射、御、書、數六門課程，這主要是技藝、節文之事。這些課程在周代是屬於小學的課程。其重點是培養德行，陶冶性情，多從事於政治軍事外交方面的訓練，準備由他們擔負起聞道救世的重任。

　　孔子在魯都杏壇向他們講學，但弟子們也跟著孔子四處出訪，在實際的社會活動中，隨時問難，這是中國古代最早的開門辦學。

　　孔子之前，「學在官府」，只有貴族子弟有機會接受教育，一般平民是無資格得到求學機會的。孔子創辦私學後，打破「學在官府」的局面。這在當時是一件破天荒的大事，在魯國引起很大震撼。由於招收一大批學生，進行了認真的教育培養，造成了很大的社會影響，孔子逐漸成為一個著名的教育家。

　　孔子的教學活動的一個很大的特點，就是結合社會實際進行教學。為了收集古代的文獻典籍，為了弄清三代文化的

演變，他曾經到京都洛邑當守藏史的老子求教，出發前魯昭公還派出車馬僕役，支持孔子師生這一次長途出國訪問活動。

　　由於當時魯國在春秋時期大變革的形勢下，同樣也是「禮崩樂壞」，孔子非常失望，就離開魯國，周遊列國，宣傳他的仁治天下的主張。

　　這時期孔子的弟子中，不僅有來自齊、魯的學生，還有來自楚、晉、秦、陳、吳各國的弟子，孔子弟子幾乎遍及當時各諸侯國。

　　在周遊列國時，孔子帶著他的弟子們四處奔走，並以社會為課堂，在遊說求仕的過程中，在與各國統治者的交際中，在社會的政治的實際活動中，一步培養和教育自己的學生，即使在極為困難與危險的環境中，他仍然講學不輟。

　　孔子六十八歲返魯國之後，直至他七十三歲逝世之前，這中間共有五年時間。這五年中，孔子跨越了他一生中「六十而耳順」、「七十從心所欲不踰矩」的兩種思想境界，他的思想、學問、品德修養已是爐火純青的最高境界。

　　孔子歸魯雖已退居顧問，但是他仍然十分關心國事。不過他越來越感到治國化民之道，非從教育入手不可，出於他對文教事業的真摯、熱愛和對於中華文化的承前啟後的強烈責任感，他決定不做「求仕」，而將主要精力致力於教育辦學和整理古代經典文獻這兩方面。

　　孔子晚年招收的子游、子夏、曾參等人，與他早期招收的弟子有所不同，則屬於後一輩的弟子。他們在孔子那裡主

要學習《詩》、《書》、《禮》、《樂》、《易》、《春秋》，這些課程是古代的文獻，也就是後來的「六經」。

孔子首創私學，在魯國辦私學是由魯君給他錢糧的，周遊列國時，各國的國君常常向孔子及其弟子請教治理國家的大計，他們就向那些國君提供各種建設性的意見，而各國的國君也樂意給孔子師生一筆又一筆的可觀的教育經費。

孔子辦學是為了培養一大批能夠參加當時政治改革活動的志士仁人。孔子對所處時代的「禮崩樂壞」懷著極大的憂慮，不斷深思造成這種動亂的根源。他認為造成社會危機日趨嚴重的主要根源，應該從人自身的內在精神世界方面去尋找。因此，孔子認為教育的主要目的是培養人良好的道德品質。

為了達到這一目的，孔子是按照學生的不同的品行與才性施以教育，培養出參政與從教的不同人才，如德行以顏淵、閔子騫、冉伯牛、仲弓修養最高；政事以冉有、季路最出色；言語有宰我、子貢；文學有子游、子夏。其中像冉求、子路、宰我、子游等，曾為列國大夫或邑宰，子貢常相魯、衛，在施政上很有政績。

至於他晚年招收的弟子，則專門致力於學術教育的活動，如曾參、子夏、澹臺滅明、商瞿等。曾參設教於武城，孟軻稱其弟子有七十人。

子夏居西河教授，為魏文侯師。李悝、田子方、段干木均是他的弟子。子夏在孔門中是傳經之儒，漢代學者稱儒家

經學均由他所傳授。澹臺滅明南遊至江，從弟子三百人，設取予去就，名施諸侯。

此外，還有商瞿傳《易》。澹臺滅明和子夏的教育事業，又進一步將孔子的思想傳播到黃河、長江兩大流域。

孔子以前，夏商周時期貴族學校的教育內容是十分簡單的，談不上有多少理論性、知識性的教材，這是與當時的文化尚處於較低水平有關的。但是，孔子在辦學中，又對教育內容作了重要改革，他研究整理了古代的大量文獻，從中選出了《詩》、《書》、《禮》、《樂》、《易》、《春秋》這六部經典，作為教科書。

這六部經書被孔子稱為「六藝」，後來被稱為「六經」。經過孔子整理的「六藝」或「六經」，是世界教育史上最早的文化知識課本的這一套教本，在中國古代的學校中，一直被使用了兩千多年。

孔子的教育內容基本上是以「六經」文獻為主，這也是孔子的教育內容與孔子之前的教育內容根本不同的地方，孔子辦學將文化教育放在第一位，孔子之被尊為「文聖」，也正是出於這個原因。

「有教無類」是孔子提出的口號，也是他創辦私學的最大特點。孔子招收學生已經打破了貴族和平民出身限制，不管是什麼出身的學生，他都給予他們同樣的學習機會，一律平等地看待他們，一視同仁地進行教育。

這種不分富貴貧賤一律教育的做法，在教育史上是自孔子創始的。由於孔子教學是來者不拒，多多益善，相傳他門

下的學生竟達三千人之多，其辦學規模可謂空前。由此可見，孔子辦學極大地擴大了教育對象。

「因材施教」是孔子的一個重要的教育原則，也是教育史上一個非常寶貴的傳統。孔子認為人的智力是有高低的，因此他根據不同的學生的不同性格、不同氣質進行不同的教育。

為了貫徹「因材施教」的原則，孔子對他的弟子們有比較深入的瞭解，幾乎掌握每個學生的特點和個性。孔子說，高柴愚直，曾參魯鈍，子張偏辟，子路剛猛。甚至連顏回、子貢兩人的經濟條件也十分清楚。孔子就是根據每個學生的不同特點，施以不同的教育方式。孔子辦學主張教學相長，提倡師生之間相互切磋，共同討論，以便使師生之間互和促進提高。孔子還和他的弟子們親如一家，平易近人、坦率真誠地對待每個學生，學生對孔子也是敬愛尊重。孔子對於學生的缺點及時進行批評教育。這可以說是孔子辦學的偉大與成功之處。

孔子在公辦教育出現了巨大困境之後，創立私學，為上古中華文化教育的存亡繼絕，摸出了一條新的出路。他的教學成果舉世公認，他為社會培養出了大量有用之才。因此，孔子被後世尊為教育鼻祖。

閱讀連結

關於孔子誕生還有一個美麗的傳說。這個傳說見《孔氏祖庭廣記》、《闕裡譜序》、《孔庭摘要》等許多文獻。

傳說的大意是說，叔梁紇與顏徵在成婚後，盼子心切，經常去附近的尼山上祈禱。夫妻倆的誠意終於感動了上蒼。魯襄公二十二年(西元前五五一年)農曆八月二十七這一天，夫妻倆又一次去尼山上祈禱，下山時在一個山洞裡休息時，生下了孔子。後人把這個山洞稱為「坤靈洞」，也稱「夫子洞」，並陸續在山上建起廟宇，進行祭祀和紀念。經過歷代的不斷修繕，「夫子洞」和尼山孔廟至今仍然完好無損。

孔子私學培養的大賢

孔子作為偉大的教育家，教學有方，桃李滿天下。在他的私學中，「弟子三千，賢者七十二」，有很多弟子都是成為各諸侯國卓有成就的棟樑之才。這是孔子私學教育所取得的巨大成就。

孔子的教育學說有一個最主要的特點，就是認為人的內心的道德水平決定人的行為的高低，強調人的內在思想可以塑造與改變的。因此，在他透過私學教育，培養出了中顏回、仲由、端木賜、言偃、曾點、曾參這樣的大賢，他們都是致力於拯救人心，拯救世界的人。

顏回，是孔子最得意弟子，孔子曾經說道：

顏回吃的是一小筐飯，喝的是一瓢水，住在窮陋的小房中，別人都受不了這種貧苦，顏回卻仍然不改變向道的樂趣。賢德啊，顏回！

顏回素以德行著稱，嚴格按照孔子關於「仁」「禮」的要求，「敏於事而慎於言」。故孔子常稱讚顏回具有君子四德，即強於行義，弱於受諫，怵於待祿，慎於治身。

顏回終生所嚮往的就是出現一個「君臣一心，上下和睦，豐衣足食，老少康健，四方咸服，天下安寧」的無戰爭、無饑餓的盛世理想的社會。

西元前四八一年，顏回先孔子而去世，葬於魯城東防山前。孔子對他的早逝感到極為悲痛，不禁哀嘆說：「唉！是老天爺真要我的命呀！」

自漢代起，顏回被列為「七十二賢」之首，有時祭孔時獨以顏回配享，此後歷代治國者不斷追加諡號。唐太宗尊之為「先師」，唐玄宗尊之為「兗公」。宋真宗加封為「兗國公」。元文宗又尊為「兗國復聖公」。明代嘉靖年間改稱「復聖」。山東曲阜還有「復聖廟」。

顏回一生沒有做過官，也沒有留下傳世之作，他的隻言片語，收集在《論語》等書中，其思想與孔子的思想基本是一致的。

仲由，是孔子的得意門生，是孔門「七十二賢」之一。

仲由性格爽直，為人勇武，講信義，忠於職守，以擅長「政事」著稱。曾協助孔子「墮三都」，又跟隨孔子周遊列國。

仲由除了學「六藝」外，還為孔子趕車，做侍衛，跟隨孔子周遊列國。初仕魯，後事衛。孔子任魯國司寇時，他任季孫氏的邑宰，後任衛國大夫孔悝的邑宰。

仲由師從孔子後，接受孔子的禮義教化，但山難移、性難改，仲由的伉直好勇之氣終其一生，未能脫盡。為此，他常遭師之痛責。孔於曾評價仲由：

仲由儘管經過教化洗禮，但始終未能成為儒雅君子。

仲由的伉直好勇性格在師從孔子之前即已形成。仲由的好勇與一般的逞勇好鬥之徒有所區分，他的好勇含有了某些伸張正義、為民請命、不欺幼弱的意蘊。

仲由重友朋、講義氣，敢於冒死為國拚殺殉道盡忠的捨生取義精神，皆與其伉直好勇性格息息相通。仲由性伉直，表現在言語上就是從不摻假欺瞞，對此孔子評價說：「仲由答應今天兌現的事情，絕不拖延到明天」。

仲由不僅性格獨異，而且還有著政治方面的傑出才幹。孔子設案授徒，辟德行、政事、言語、文學四科，而仲由是政事科之優異者。

由於仲由熱心政治，關注社會政治問題的學習和研究，使得他在政治方面的才能大有長進。對此孔子不止一次地予以稱道，還向季康子推薦仲由說：「仲由果斷幹練，不拖泥帶水，從政不成問題。」

仲由曾為季氏邑宰，也做過衛國蒲邑的大夫，還做過衛國大夫孔悝的邑宰，可以說是「學而優則仕」的典範，是學習與社會實踐相結合的典範，也是「學以致用」優良學風的踐履者。

在對待老師方面，仲由一方面忠貞不貳，極其尊重，但另一方面又不像顏回那樣於孔子之言「無所不悅」，總取「不

違」態度。只要他認為孔子的言與行有不正確的地方，總是直率地提出批評和反駁。這是仲由率直、光明磊落性格的又一體現。

孔子對仲由忠心不二、講信義的品性深有瞭解，曾斷言：「如果我的主張行不通，我就乘上木筏子到海外去。能跟從我的大概只有仲由！」仲由聽到這話很高興。

仲由自師從孔子後還成了孔子忠心耿耿的貼身侍衛，由於仲由勇力過人，武藝高強，因之無人敢欺慢孔子。孔子曾經說：「自從我有了仲由後，惡意的言辭就再也沒有聽到過。」

仲由在後世備受尊崇。唐時追封為「衛侯」。北宋時期加封為「河內公」，南宋時封為「衛公」。明代改稱為「先賢仲子」。

端木賜，是孔門「七十二賢」中最有作為者，而且列言語科之優異者。端木賜學績上的優異，首先體現在他的「言語」水平的高超上。端木賜在說話技巧、演講技能上有他的獨到之處。

在孔子那個時代，外交禮賓人員的語言訓練主要取之於《詩》，這已成為當時的一種習尚。孔子也曾說：「不學《詩》，無以言」，《詩》已成為當時語言訓練的主要教本。在《詩》的學習中，孔子不僅要求學子們搞通弄懂《詩》的本來意義，而且要求他們能對《詩》「活學活用」，在外交禮賓場合能順手拈來以達己意，而這沒有相當的靈活性和敏銳性是難以做到的。

教化於民：太學文化與私塾文化

地方私學 私塾

　　在孔子的門徒中，端木賜很好地做到了這一點。端木賜在政事方面業績突出，才能卓越。孔子曾稱其為「瑚璉之器」，說他通達事理，善於從宏觀上把握問題的全局和整體，而不會為繁瑣的細枝末節所迷惑。正因為端木賜通達事理，又有傑出的「言語」才能，所以他才會被魯、衛等國聘為相輔，並且在出使齊、吳、越、晉四國的外交活動中獲得圓滿成功。

　　《史記·孔子世家》曾記載孔子困陳、蔡之地，糧食斷絕，情形十分危急，而當時孔子門徒個個面面相覷，不知所措，是端木賜出使楚國，使得楚昭王興師迎孔子，因而困頓得免。

　　端木賜不僅在學業、政績方面有突出的成就，而且他在理財經商上還有著卓越的天賦，富至千金，成為孔子弟子中首富。

　　《論語·先進》記載孔子之言：

　　回也其庶乎，屢空。賜不受命，而貨殖焉，臆則屢中。

　　意思是說，顏回在道德上差不多完善了，但卻窮得叮噹響，連吃飯都成了問題，而端木賜不安本分，去囤積投機，猜測行情，而且每每猜對。

　　端木賜依據市場行情的變化，賤買貴賣從中獲利，以成巨富。因此，端木賜被後世奉為「儒商鼻祖」。

　　儘管端木賜有著多方面的建樹與成就，但他在孔子面前卻表現得非常謙遜。

　　有一次孔子問端木賜：「你和顏回比誰更強些？」

端木賜相當有涵養，他說：「我怎能比得上顏回！顏回能夠聞一知十，而我只能聞一知二。」

孔子去世後，端木賜不但生意做得越來越好，還當了魯國的大夫，當「三桓」在孔子去世後十餘年侮辱孔子時，他還在為孔子辯解，足可見其忠心。

端木賜晚年，也像孔子一樣開始教學，魯國大夫子服景伯就是他培養出的優秀人才。端木賜影響之大、作用之巨，是孔門弟子中無人所能企及的。在孔門弟子中，端木賜是把學和行結合得最好的一位。

端木賜受到了後世的景仰。唐代追封其為「黎侯」。宋代加封為「黎公」。明代改稱「先賢端木子」。

言偃，是孔門「七十二賢」中唯一的南方弟子。言偃出生於吳地，成年後到魯國就學於孔子，從言偃比孔子年輕四十五歲來看，他是孔子晚年的學生。言偃在孔子處學習十分勤奮，遇到疑難問題常向孔子請教；孔子也視言偃為他所滿意的及門弟子之一，曾向言偃描繪過他心中的理想社會的美景。

有一次，言偃陪孔子參加臘祭，祭祀儀式結束後，兩人走到宗廟外面高大的建築物旁邊，孔子仰天長嘆。

言偃覺得十分奇怪，就問道：「為什麼嘆氣？」

孔子說：「我沒有趕上大道實行的時代和三代英明人主當政的時代，可心裡總是很嚮往啊！」接著，他滔滔不絕地向言偃描述了「謀閉而不興，盜竊亂賊而不作，故外戶而不閉」的大同社會的景象。

教化於民：太學文化與私塾文化

孔子的話，在言偃腦海裡留下了深刻印象。他後來在魯國當武城宰相時，遵照師訓，以禮樂教化人民，做出了成績。

有一次，孔子來到武城，聽到了處處有絃歌之聲，於是微笑著對迎接他的言偃說：「治理這個地方還用得著小題大做，以禮樂來教育嗎？」

言偃恭敬地回答說：「以前老師曾教導我，做官的學習禮樂就會有仁愛之心，老百姓學習禮樂就容易聽指揮，聽使喚，禮樂教育總是有用的啊！」

學生的回答使老師十分滿意。孔子對隨同他一起來的學生說：「言偃的話是正確的，我剛才那話不過是與他開個玩笑罷了。」這說明言偃對孔子的思想，不僅能深刻理解，而且做到了身體力行。

接著，孔子又問言偃道：「你在這裡得到什麼人才沒有？」

言偃回答說：「有一個叫澹臺滅明的人，走路不抄小道，不是公事從不到我屋裡來。」言下之意是此人行為端正，不對上司拍馬奉承，是可以重用的一個人才。這說明言偃很能識別人才，當了官以後，不是專喜聽恭維話的。

言偃去世後得到後人的崇敬，累世不絕。唐代他被列入孔廟而受到人們的祭祀，後又被追封為「號侯」。北宋時期又被封為「丹陽公」，南宋時期被封為「吳公」。元時被封為「吳國公」。明代被封為「先賢言子」。清代初期承襲明代的封號，康熙時期在言偃後裔中設五經博士一員，世代承

襲，用以奉祀先賢。此外，清代幾個皇帝南巡，先後派大臣到常熟言偃墓致祭，並贈送由御筆題的匾額。

曾點，係儒家一代傳人「宗聖」曾參之父，他自己也是孔子的學生，被列為孔子門「徒七十二賢」之一，後與顏回之父顏無繇、孟軻之父孟孫激等人並祀於曲阜孔廟後部的崇聖祠。

據《論語》記載：有一次，曾點和仲由、冉有、公西華侍坐孔子，談個人志趣時，他「鏗」然一聲，停止鼓瑟，說道：「暮春時節，換上春裝，和五六位志同道合的成年人，帶上幾個少年，去沂河裡洗洗澡，在舞雩臺上吹吹風，然後唱歌回來。」

孔子聽後大加讚賞，喟然嘆說：「你和我想的一樣！」

魯國大夫季武子去世時，曾點曾經前去弔唁，但他「倚其門而歌」，被稱為「魯之狂士」。

曾點信奉儒學，崇拜孔子，他們父子同師孔子，學習儒家學說，並付諸實踐，但未與孔子周遊列國。他痛恨當世禮教不行，立志改變現狀，孔子認為他是有進取心的狂放之士。

曾點教子有方，成效非常顯著，有人告訴他妻子說他兒子曾參在外邊殺了人，他妻子仍然織布，不理會報信的人，相信自己的兒子不會幹此事。曾參學有成就和他的教育有密切關係。被後人稱為教子有方的典型。

曾點受到後世景仰。東漢時期受到祭祀。唐代追封「宿伯」。北宋時期加封「萊蕪侯」，南宋時期以「萊蕪侯」從祀孔子。明代進為公爵，嘉靖時期改稱「先賢曾氏」。

曾參，十六歲拜孔子為師，勤奮好學，頗得孔子真傳，為「孔門十哲」之一。

曾參一生積極推行儒家主張，傳播儒家思想。他的「修齊治平」的政治觀，省身、慎獨的修養觀，以及以孝為本的孝道觀，影響了中國兩千多年。曾著《大學》、《論語》、《孝經》等。他上承孔子之道，下開思孟學派，在儒學發展史乃至中華文化史上均佔有重要的地位。

曾參在孔學中的地位，很長時間以來未被人們所認識。他的學術地位，是唐宋時期以後才為一些人所逐步承認。唐代開元年間追封「郕伯」。宋代加封「郕侯」。元代加封為「郕國宗聖公」。明代改稱「宗聖」。清代也多有褒讚頌揚之舉。

閱讀連結

仲由是孔子弟子中性格獨特的一位。他為人性格爽直，富有正義感，勇武剛烈，敢於冒死，為當時的人們所稱道。

西元前四八〇年，衛國大夫孔悝的母親伯姬與人謀立蒯聵為君，脅迫孔悝弒衛出公，衛出公聞訊而逃。當時仲由為衛大夫孔悝之邑宰，他在外聞訊後，立刻進城去見蒯聵，阻其謀反。蒯聵命手下武士石乞揮戈擊落仲由冠纓，仲由目眦盡裂，嚴厲喝道：「君子死而冠不免！」毅然繫好帽纓，從容就義。

漢代私人講學的興盛

西元前一九一年，西漢時期第二個皇帝漢惠帝劉盈詔命廢除秦時的禁書法令，這使得長期受到壓抑的儒家思想和其他思想活躍起來，為漢代初期私人講學提供了前提條件。

廢除秦禁書令的消息傳出後，西漢時期經學學者伏生掘開自家牆壁，將藏在裡面的《尚書》發掘出來。他在秦代為博士時，曾冒著生命危險，暗將述錄唐堯、虞舜、夏、商、周時期史典的《尚書》藏在牆壁之夾層內，由此逃避焚燒之難。

《尚書》被挖掘出來後，伏生發現尚有二十九篇保存完好，心中頗為欣慰。於是，他開始在私人講學中傳播《尚書》內容。由於他原來在秦代就做博士，所以在講學過程中，就加進自己記憶中的《尚書》所失篇章的內容。

以後伏生弟子又據他對《尚書》的解釋，編成《尚書大傳》一書，屬「外傳」之體。後人評伏生傳書之功說：

漢無伏生，則《尚書》不傳；傳而無伏生，亦不明其義。

這就是說，後世的《尚書》之為學，伏生實為傳授的淵源。

伏生的私人講學只是當時私學興起的一個縮影。兩漢時期，私家講學之風已經日漸興盛，出現了「學乃不在朝而在於野，教乃不在官而在於師」的局面，比官學更好地承擔了文化教育的傳承任務。

教化於民：太學文化與私塾文化

地方私學 私塾

　　西漢初年，由於思想的解放及儒家「五經」教學十分活躍，在齊、魯、燕、趙等地已形成具有聲勢和影響的各個學派及其私學。至漢武帝確立「獨尊儒術」的文教政策以後，教育被提高到「治國之本」的地位。

　　在漢武帝時，官學雖然有很大發展，但朝廷官學只有太學，名額有限，選送有一定之規，地方官學未得到普遍發展，無法滿足讀書人的要求。在這種情況下，經師宿儒講學之風大為盛行。

　　漢代的私學教育，已經開始按不同的層次、不同類型進行教學了。根據現有史料，漢代私學大體可以分為三種基本類型，或低、中、高三個不同層次。這就是以「書館」為主要形式的蒙學教育，以「鄉塾」為主要形式的一般經書學習，以「精廬」或「精舍」為主要形式的專經教育。

　　「書館」是漢代進行啟蒙教育的最初場所，教師稱「書師」，主要是對學生進行識字和寫字的訓練教學。

　　漢代「書館」有兩種類型：一種是書師以自己的家室或借用公共場所坐館設教，附近學童入館就學，學生人數不等，少則幾人，多至百人或數百人。如東漢時期思想家王充「八歲出於書館，書館小童百人以上」。

　　另一種是由豪門富戶聘請教師來家施教，本家或本族的學童在家受教，也叫「家館」。在東漢明帝時期專設官邸學教授貴冑子弟之前，連皇帝子女都是透過「家館」接受啟蒙教育的。

無論哪種書館，教師對學生進行的都是讀、寫、算和倫理道德行為的基本訓練。這個階段結束後，學童進入「鄉塾」接受一般經書教育。

　　一般經書教育由「鄉塾」來承擔。「鄉塾」的教師稱「塾師」或「孝經師」，主要教授《孝經》和《論語》等儒家經典。這個階段的學習任務主要是鞏固前一階段識字、習字的成果，為了進一步的學習做準備。

　　漢代有許多人都是透過這個階段的學習而成為卓然獨立、力壓群芳的學者的。如著名經學家范升「九歲通《論語》、《孝經》，及長，習《梁丘易》、《老子》」；軍事家和策略家鄧禹「年十三，能誦詩，通《論語》，十三明《尚書》，十六治《詩》」等。

　　在東漢時期官邸學建立之前，皇室子弟也有外出就塾師學習《孝經》、《論語》、《尚書》等儒家經典的。比如漢光武帝劉秀，他在少時就曾到長安就私學塾師學習《尚書》，「略通大意」。

　　以上說明在識字、習字教育完成之後，誦讀《論語》、《孝經》、《尚書》等一般經書已成為一個相對獨立的教育階段。

　　這個階段的教學要求對經書「粗知文義」，不要求有精深的理解，教學方式主要是誦讀。它是從大量的集中識字到專經研習的過渡階段。

　　誦讀一般經書成為一個相對獨立的教育階段，既鞏固了集中識字的成果，又為進行專經研習奠定了基礎、做好了必要的準備。

教化於民：太學文化與私塾文化

地方私學 私塾

　　這在古代教育制度發展史上是具有重要意義的。古代教育大體上確定了由集中識字到誦讀一般經書，然後進入高層次的專經研習的基本體系。即形成了初等教育、中等教育和高等教育，層層遞進的教育體系。

　　專經研習階段是私學教育的最高階段。漢代私人講學的大師都是精通一經或數經的大學者，他們以自己的學術專長教授弟子，吸收了大批生員於門下。

　　比如：西漢著名經學家董仲舒精通《春秋公羊》學，「下帷講誦」，弟子眾多，創立了「弟子相傳」的教學制度；西漢時期大臣韋賢精通《禮》、《尚書》、《詩經》，「號稱鄒魯大儒」。

　　至東漢時期，專經階段的私人教學逐漸成了穩定的教學組織形式。實施機構一般名之為「精廬」或「精舍」。「精廬」或「精舍」或建在大師的家鄉，或選擇山水名勝之地，均帶有避世隱居的性質。

　　精舍常籌集大量資財，供應學者食宿。精舍講學具有學術研究、學術討論的性質，往往是經師邊說邊講邊著述。此種私學對後世的學院的形成和發展有重要的啟示意義。

　　在漢代私學的這三個層次或三種類型中，「書館」是典型的基礎教育，即蒙學。「鄉塾」是中等教育，有時它直接與書館相聯繫，是啟蒙教育的自然延伸，有時又和「精舍」的專經研習階段相聯繫，作為專經教育的預備或過渡。

漢代的「精廬」或「精舍」是高等教育，而私塾主要指「書館」和與其直接相聯繫的「鄉塾」，並不包括「精廬」或「精舍」。漢後各代沿襲此制。

除了上述三種類型的私學外，漢代也特別重視家學。由於其具有廣泛性和普遍性，就使得漢代的家庭教育，成為當時漢代私學教育的一種特殊形式。具體地說，漢代的家學主要分為三種情況來進行，一是家世傳授；二是家教和家誡；三是女子教育。

家世傳授，就是父輩對子輩的傳授，子子孫孫，輩輩相傳。漢代儒家經學成為占主導地位的官方學術，也是士人謀取功名富貴的晉身之階，故經學傳授成為家庭教育的重點。

家教和家誡，主要是對子女及家人進行生活經驗、道德品質以及為人處世等方面的教育和告誡。家教的對象都是至親骨肉，利害攸關，有些內容是只能對家裡人祕傳的，從中可以獲得很有價值的借鑑。

女子教育是漢代社會非常重視的，只是這種教育都是在家裡進行的，是透過家教來實施的。主要是對女子進行婦德、婦言、婦容、婦行的教育，培養賢妻良母的宗旨支配著整個漢代的女子教育。

漢代家學往往是在生活實踐、生產勞動過程中進行，沒有特定時間，沒有固定場所，沒有專門的教材，凡歷律、天文、數學、醫學等自然科學知識和專門技術都是家學的重要內容。家學還注重培養正確的治學態度和方法，尤其重視為人處世、待人接物等倫理道德教育。

　　漢代私學的崛起和昌盛，是古代教育史上的大事，具有劃時代的意義和貢獻。它衝破了官學受政治左右的藩籬，有利於漢代多學派的產生和學術的繁榮，促進了整個社會文明教化水平的提高，積累了豐富的教學經驗，完善了教育體系，為促進當時的科學技術進步作出了一定貢獻。

閱讀連結

　　儒家經典《尚書》代代相傳，伏生功不可沒。他原是秦代博士，為避秦火，將其藏於壁內，西漢初年取出，並在講學中傳播。漢文帝對此非常重視，欲召他進朝。 此時他已年逾九十歲，不能出行。漢文帝就派太常晁錯到伏生家中，當面授受。

　　伏生因年邁不能像正常人那樣說話，他的話只有其女羲娥才能聽懂，只好先由伏生言於其女羲娥，再由羲娥轉述給晁錯。終於將伏生胸藏的《尚書》整理記錄下來，補敘出了所失篇章，才使《尚書》得以完整流傳。

▍魏晉南北朝時期的私學

　　魏晉南北朝時期，由於戰亂與分裂，教育發展受阻，官學時興時廢，但私人教育卻較繁榮，在質量上和規模上超過官學，成為教育的臺柱。

　　這一時期的私學形式，包括著名學者自行開辦學館或者四處巡遊講學，以及士族門閥的家學傳承等。

魏晉時期，私人開館授徒的多是鑽研經術的碩儒，教學內容基本上是儒學「五經」。如魏國儒宗隗禧，在閒暇的時間閱讀，遂成為飽學之士，既明經又通星象，為當時學林所仰，撰有《諸經解》數十萬言。致仕返鄉時已經八十餘歲，但前來求學的人仍然非常多。

再如前涼時期的祈嘉博通經傳，精究大義，前涼時期恒王張重華徵召他為儒林祭酒。祈嘉生性謙和寬厚，孜孜不倦地教誨門生兩千餘人，他還依照《孝經》撰作《二儿神經》。前涼時期國君張天錫稱呼他為先生，不直呼他的名字。

這些大儒開辦的以講授經學為主的私學，規模往往成百上千，甚至數千人，超過了官學，所以，儒學在魏晉私人教育中的影響遠較官學廣泛。

有的儒生隱居不仕，專事教授。諸如：建安初年，長安的宿儒欒文博開館，有門徒數千，貧寒出身的石德林投其門下學習，然後學《詩》、《書》；西晉時期的劉兆，安貧樂道，潛心研究《周易》、《周禮》、《春秋》，從受業者數千人；前涼時期的宋纖，隱逸不出，弟子受業三千餘人；西晉時期的杜夷世以儒學稱，在家鄉閉門教授，生員千人。

就社會影響而言，南朝時期經學不如玄學、佛學，但在私人教育中，仍以傳授儒學的居多。

南朝齊時期教育家沈麟士，早年家貧，編織竹簾為生，手裡勞作而口中誦書，口手不息，鄉鄰們稱他為「織簾先生」。後來隱居深山，以講經教授為業，門徒數十百人。沈麟士貧寒，無深屋廣廈供學生學習、住宿，學生們便各營屋

宇，依止其側，幽靜的深山竟因此喧囂起來，當地有民謠道：
「吳差山中有賢士，開門教授居成市。」

北朝時期風尚淳樸，受兩漢經學影響較大，在私人教學
內容中，經學占著主要地位，玄學沒有地位。尤其是在北魏
時期的孝文帝遷洛後至北魏宣武帝時期，天下承平，在治國
者的大力倡導下，官、私學業大盛，經術彌顯。

比如北齊時期的私學，雖然社會經濟不景氣，但求學之
風並未偃息，橫經受業之人，遍於鄉邑。以至於使這一時期
的遊學的特點更為顯現。

再如北周時期的私學，北周武帝禮聘名儒沉重，親訪名
儒熊安生等重儒舉措，又重振了北朝時期的負笈求儒學的風
氣，於是衣儒者之服，挾先王之道，開校舍，延學徒者，競
相比肩。

魏晉南北朝時期，世家大族主宰社會。世代相傳的家學
是許多世族興起與維繫的重要憑藉與手段，而家傳學問中最
重要、最普遍的便是儒學。家傳儒學的特點是世代傳授先輩
擅長的儒學中的一個或若干方面，累世相傳、發展形成優勢。

在戰亂不止的年代，在世家大族發展的時期，聚族或依
附強族而居的趨勢有所加強，官學教育地位下降，家庭與家
族教育重要性就增加了，家庭教育有時也兼及鄉鄰。與家傳
教育不同的是，家族教育重視傳授儒學基礎知識與道德規範。

這一時期貴族豪門勢雄財大，重視文化者多請大學者為
師，於府第中開館教授子弟。為了家族利益他們多擇碩學鴻

儒傳授講求忠孝節義的儒學，而不是提倡放縱自己，不理世事的玄學，或無父無君、棄國棄家的佛學。

把持東魏朝政的齊高祖高歡，很重視用儒學教育子弟。東魏天平年間，高歡先後聘北魏時期博士盧景裕、李同軌兩人至府中，教諸公子。李同軌去世後，高歡聘名儒李鉉、刁柔授皇太子諸王經術。西魏時期，碩儒徐遵明的高足樂遜，被太尉李弼請去教授諸子。

在士族家學興盛的情況下，出現了一些著名的政治家和軍事家，如東晉時期的王導、謝安，還有北魏前期的崔浩等，他們都是靠家族教育培養出來的。

思想家有亦儒亦道的葛洪、無神論者范縝。科學家有南朝祖沖之、祖暅等。文學家有「三曹」即曹操、曹丕、曹植。東晉謝氏家族，謝安、謝弘微、謝混、謝靈運、謝瞻、謝莊、謝覽、謝道韞等都是當時有名的詩人。書法世家有王氏、衛氏。代表人物有王羲之、王獻之、衛瓘、衛恆等。

書誡教子的盛行是魏晉南北朝時期家族教育中的另一重要特點是。「誡子書」又稱「家誡」、「家訓」等，它是世家大族教育子孫的言論和說教。由於這一時期社會的變動，使得「誡子書」大量的湧現並廣為流傳，成為家族教育的一大特色。

蜀國諸葛亮在《誡子書》中留下傳世名言：「靜以修身，儉以養德。非淡泊無以明志，非寧靜無以致遠。」體現了對修養的要求；魏國王旭在《誡子及兄子書》中說：「孝經則

宗族安之，仁義則鄉黨宗之，此行成於內，名著於外者矣。」
強調了德行的重要。

這一時期，以著名教育家顏之推的《顏氏家訓》最為著
名。它是一部以儒家思想教訓子孫，講立身處世之道的著作，
內容比較廣泛，倫理清晰，總結了許多有價值的家庭教育方
面的經驗，對後世的家庭教育產生了深遠的影響。

「誡子書」對古代傳統文化的繼承和普及有一定的貢獻，
它將道德品質教育融於文化教育之中，對後世起了積極的影
響。其中某些教育形式和內容對於今天的家庭教育仍有許多
借鑑之處。

此外，在魏晉南北朝時期，越來越多的婦女享有學習的
機會，接受家族內的文化教育，使婦女在家族教育作用中發
現自我。更使人們領悟到要爭取婦女解放首先要爭取教育權。

在她們之中，有不少人因有才識而彪炳史冊。比如三國
時期的著名文學家蔡文姬，自幼受家學的薰陶，展現出傑出
的文學才華；謝安的侄女謝道韞，史稱其「風韻高雅、敘致
清雅」其才學為家學所致；東晉時期的女書法家衛夫人也出
身於書法世家。

受過一定文化教育的婦女，往往承擔了更多教育子女的
責任。鐘繇之子鐘會的成才離不開母親張氏的啟蒙教育。《元
嘉歷》的制訂者何承天「五歲喪父。母徐廣姊也，聰明博學，
故承天幼漸訓義」，母親的啟蒙教育得當，使他終成偉大的
天文學家。

當時婦女參與家庭內的教育活動還有很多的事例，她們為學術文化的傳播、教育事業的發展付出了辛勤的勞動，在培養人才方面功不可沒。

魏晉南北朝時期的家族教育作為一種特殊形式的私學，在官學教育不振的歷史背景下，對於保存和發展傳統文化，促進學術文化的繁榮和進步，培養人才等方面作出了重大貢獻。

總之，魏晉南北朝作為一個在教育發展上具有承前啟後作用的時期，其私學形式的多樣化，為後來的私塾進一步提供了模板，後來的私塾就是在沿襲傳統的基礎上得以發展的。

閱讀連結

顏之推有一次到鄴城辦事，聽說有個喜歡咬文嚼字的博士，有一天他到市場買驢，雙方講好價後，博士說要寫一份憑據。博士寫滿了三張紙，然後搖頭晃腦地唸起來，過了好半天才唸完。

賣驢的聽後，不理解地問他說：「先生寫滿三張紙，卻沒有一個驢字。其實只要寫上某月某日我賣給你一頭驢子，收了你多少錢也就完了，你真是太嘮叨！」

顏之推後來在《顏氏家訓》中寫道：「鄴下諺曰：博士買驢，書券三紙，未有驢字。」諷刺賣弄學問的人。

▌唐宋時期私塾走向成熟

　　唐宋時期，是古代封建社會發展的鼎盛時期，教育也出現了大繁榮的景象。古代私塾教育，在這一時期也走向了成熟。

　　唐代在科舉取士的推動下，私塾分佈廣泛，傳授內容多樣。科舉取士極大地調動了人們的學習積極性和自覺性，使「學而優則仕」的儒家思想得到了具體體現。苦讀可以出人頭地，因而即使是貧家子弟，也想盡力讀書以改變現狀。

　　唐代進入私塾就讀者，多數以應舉為動機。開元天寶之中，已有「五尺童子，恥不言文墨焉」的情況，假如有人「登高不能賦」，連兒童也會笑話。

　　唐代大詩人白居易《與元九書》說道，在江南一些地區，他的《秦中吟》、《長恨歌》等詩作被廣泛傳播，「自長安抵江西三四千里，凡鄉校、佛寺、逆旅、行舟之中，往往有題僕詩者。」而元稹《白氏長慶集》則說，他和白居易的詩當時是「禁省、觀寺、郵候、牆壁上無不書，王公、妾婦、牛童、馬走之口無不道。」

　　詩歌的流傳與普及一方面說明文學的繁榮，另一方面也說明教育的普及程度。白居易的詩稿完成後曾讀給一老婦人聽，而她基本上聽得懂，他才不再修改了。

　　唐代的私塾多建在鄉村，一般稱為村校。唐代農村經濟有較大的發展，鄉民多有學習文化的要求，因此村校辦得相當普遍。農村私塾不僅對普及一般的文化知識造成積極作用，也為培養專門人才打下了堅實基礎。

唐代村校教學內容豐富多彩，有打好識字等文化知識基礎的啟蒙讀物，有關於科舉考試內容的經書和詩賦。鄉村學校的教學形式也是生動活潑的。當時有很多文人和地方官吏在治學從政之餘積極教誨後生，他們授徒講學不輟，實開一代尊師重道新風。

　　宋王朝的建立，結束了五代以來分裂割據的局面，治國者順應民意，在恢復和經濟發展生產的同時，榮文教而抑武事，施行「興文教，崇儒術」的文教政策。

　　宋代初期的三次興學，建立學校，重視科舉，倡引社會士子讀書以榮仕途。但當時官學廢置已久，一時未能建成，私學則成為教育的支柱，故說道：

　　未有官學，先有鄉黨之學。

　　宋代私塾發展逐漸成熟，私塾無論在教材建設，還是教育教學管理制度上都日臻完善。宋代私塾正規化、制度化，可謂盛極一時。

　　宋代私塾的制度化和規範化發展，使之成為了民間比較穩定的教育組織形式，並且顯示出明顯的蒙學化教育的特點。私塾種類名目繁多，有小學、鄉校、冬學、家塾和蒙館等。

　　宋代以「塾」命名的民間教育機構開始大量出現，如私塾、義塾和家塾。此外，宋代還有季節性的村塾、冬學，遍佈於城鎮鄉間和山野村落。

　　私塾也叫「散館」，散館在不同的歷史階段或不同的地區或不同的文獻記載中有不同的名稱，一般意義上的私塾就

是指散館。私塾就是由塾師在自己家中或在他處租房設館，招收學生予以教授而形成的民間教育機構。

在宋代民間，此類私塾最為常見，一般家庭出資將自己子弟送入散館之中受教，學習基礎的文化知識，接受人倫教化，以滿足基本生活需要或者為以後更高級別的學習打基礎。

私塾的規模有大有小，由學生的人數決定，少則幾人，多則能達上百人甚至更多，塾師多半以此為生，因此後來的塾師逐漸成為一種相對固定的職業，並一直延續到清末之後。

義塾又稱「義學」，往往是由地方士紳出資主持，或由私人捐錢捐田建立學田，利用租金，在公共場所所設立的私塾。由於此類私塾的辦學費用和塾師的薪水，全由開辦者提供或開辦者提供的學田支付，而入學者不需交納任何費用就可入讀，故而具有公益性，屬於古代社會慈善公益事業的一部分。

義學興起於宋代，北宋仁宗年間，范仲淹在蘇州置良田十多頃，捐贈給范氏宗族，作為族人的公產，稱「義田」，還在城中靈芝坊族宅設立義宅、義學，以育宗族子弟，史稱「義莊」。後來各地官員、士人紛紛倣法，建立了許多著名的義學。例如宋真宗天禧年間，湘陰人鄧咸「創義學於縣南，以訓族子弟及四方遊學。」

家塾，顧名思義，是以單家獨戶或一姓家族為辦學主體，以家庭中的子弟為主要教育對象的私塾。家塾通常情況是由貴族、富商、地主、官僚家庭所辦。

此類家庭基於政治上的特權或者充裕的經濟條件，延請先生在家中專設的學館中教授自家子弟，一般不接受外人，但也有例外，也有寒門小戶延師課子的情況。除此之外有的古代家庭因特殊家庭條件或者家境貧寒，或家人學有專攻可以教授子弟。由父母兄長在家擔任教師，對家中子弟進行家業教育，此類家庭教育也可視為家塾。

　　家塾是在家庭中，聘師或自行為師以教其子弟，教師按照家庭對其子弟的意願和要求，選用教材和安排課程內容進行施教。

　　宋代私塾的蒙學化，體現為以啟蒙性質的讀寫知識為主。其中《三字經》、《百家姓》和《千字文》等，是宋代私塾中的主要啟蒙讀物。這三本書除了《千字文》原典是南朝梁武帝時期的周興嗣編纂外，其餘兩本均為宋代的作品，可見宋代私塾教材的輝煌成就。它們都是中國優秀的蒙學讀物，並稱為「三、百、千」。

　　《三字經》為南宋時期官員、學者王應麟所著。王應麟隱居二十年，有六百多卷著作，但知名度最高的反而是這部《三字經》，這可能是他做夢也想不到的事。

　　王應麟晚年為教育本族子弟讀書，編寫了一本融會古代文化精粹的《三字歌訣》。他是通古博今的大儒，舉重若輕的大家手筆寫出這部《三字歌訣》，當然是非同凡響。

　　《三字經》後經清代末期國學大師章太炎等人多次增改，除了原典內容之外，故在「敘史」部分，也已包含元明清三代的內容。

教化於民：太學文化與私塾文化

地方私學 私塾

《三字經》是中華民族珍貴的文化遺產，它短小精悍、朗朗上口，千百年來，家喻戶曉。其內容涵蓋了歷史、天文、地理、道德以及一些民間傳說，所謂「熟讀《三字經》，可知千古事」。由於其獨特的思想價值和文化魅力，被歷代國人奉為經典並不斷流傳。

《百家姓》本是北宋初年錢塘的一個書生所編撰的蒙學讀物，南宋時期人王明清在《玉照新志》中認為是「兩浙錢氏有國時小民所著」，是吳越境內一個普通人的作品。一般認為，《百家姓》成書於西元九六〇年南宋建立至九七八年吳越歸宋這段時間。

《百家姓》本來收集四百一十一個姓，後來贈補到五百〇四個姓，其中單因姓四百四十四個，複姓六十個。此書是將常見的姓氏篇成四字一句的韻文，像一首四言詩，便與誦讀和記憶，因此，流傳至今，影響極深。

宋代私塾教育中有不少大儒參與其中。據著名理學家程頤在《明道先生行狀》中記載，程顥在西元一〇六五年任晉城縣令時，「諸鄉皆有校，暇時親至，召父老而與之語，兒童所讀書，親為正句讀」。不僅說明程顥在年輕時就是一個忠實地實踐儒家學說的人，而且反映了當時開蒙教育的一般情況。

又如，陸游為《秋日郊居》一詩自注說：「農家十月遣子弟入學，謂之冬學；所讀《雜字》、《百家姓》之類，謂之村書」。

宋代私塾學費無定額，依具體情況而定，但一般情況下無論多少都是需要交納一些的。據《宋稗類鈔》中還記載，有某老師因學生不交學費而告至官府的事例：「有書生為學子不行束脩，自往詣之，學子閉門不接。書生訟於向。」

　　學費支付方式多樣，有錢有糧；學費交付日期，一般比較隨意，也有約定時間的情況。如南宋時期文學家洪邁《夷堅志》記載了在城裡教學的王省元因接到家信想去市場買點東西，但是還不到發薪俸的時候，不得以向學生家長預借的事情：「欲買市中物。時去俸日尚旬浹。王君令學生白父母豫貸焉。」這個例子說明學費支付時間有時是事先約定好的，有一定的固定時間。

　　很多地方為了少兒教育，在孩子很小的時候就專門請老師來教授。為了達到預期效果，有的人就採用類似「計件給酬」的辦法：「教者預為價，終一經償錢若干。」這也是事先約定好的給酬辦法。

　　宋代私塾學生的入學年齡大多數是八歲，學生人數從兩三人到幾百人不等。私塾老師水平不一，師生之間除了嚴肅的教學之外，也和睦相處，親密無間。

　　總之，唐宋時期私塾大力出現，傳授內容多樣，在教材及教育教學管理制度上都日臻完善。在古代私塾發展史上佔有重要地位，對明清時期的私塾鼎盛具有很大影響。

閱讀連結

南宋時期著名的學者王應麟著的《三字經》中有這樣的一段：「竇燕山，有義方，教五子，名俱揚。」其中所講竇燕山，是指五代時期後周薊州名士竇禹鈞。

竇燕山實可謂教育子女的楷模，他為教其五子，在家設竇氏家塾，延聘「禮文之士為師」。他有五個兒子，長子竇儀、次子竇儼、三子竇侃同為後晉六年進士，四子竇偁為後漢時期進士。五子竇僖，任北宋時期左補闕。都做了朝廷裡的大官，時人讚竇家五子為「竇氏五龍」。這就是古今傳為佳話的「五子登科」。

▌明代私塾的設置形式

私塾教育在明代獲得了新的發展。由於明代初期朝廷的推動，加之科舉體制的相對開放，使明代私塾的分佈與發展，呈現出更為縱深化的發展趨勢，並日漸成為明代私學中的一個主體部分。

明代初期，明太祖朱元璋有感於教化治國的重要性，認為「治國以教化為本，教化以學校為本」，決定除了在中央設立國子監，在各府、州、縣也普設學校，以興教化。

明代私塾的縱深化的發展趨勢，表現為其設置幾乎遍及全國各府州縣。以相對偏遠的廣東省為例，明嘉靖時全省共計設有社學五百五十六所。

其中除卻瓊州府所屬的感恩、崖州、陵水等幾個較偏遠的縣未見有載外，其他諸縣均有設立社學的記載，最多的番

禹縣竟有四十八所之多。這尚不包括數量難以統計，但顯然要龐大得多，也更為普遍的「義學」與「家塾」在內。

明代的私塾，因設置時間、地域、形式及教學內容的不同而名稱各異。從其教學內容來看，既有「蒙館」也有「經館」，甚至兩者兼具者。就其地域差異而言，又有著諸如「家塾」、「義塾」、「社學」、「鄉學」等多種不同的稱呼，有的地方甚至稱之為「書院」。

明代隆慶年間進士管志道就明代學校的設置情況，曾有過一番較為詳實的記述：

古者天子之國學曰辟雍，即今之國子監；諸侯之國學曰泮宮，即今之府州縣學；辟雍泮宮之外，鄉有校、黨有庠、術有序，即今之社學；鄉校、黨庠、術序之外，又有五家之塾，則今富貴家延師之館，各鄉村蒙之館，皆是也。

其中的「國子監」與「府州縣學」，無疑是屬於官學範疇之內的。屬於民間私塾範疇的，則有「社學」、「富貴家延師之館」與「各鄉村訓蒙之館」。

這裡的「富貴家延師之館」，當為一種「家塾」無疑。而所謂的「各鄉村訓蒙之館」，實際上又包含著兩種主要形式：一為鄉民共建的義學；一為塾師於家中自設之塾館，實則亦為「家塾」的一種。

從總的情況來看，明代的私學設置形式，大致可劃分為三種類型：即社學、義學與家塾。

教化於民：太學文化與私塾文化

地方私學 私塾

　　明代社學雖帶有一定的官學色彩，但從根本上來說還是屬於「私學」範疇之內的。西元一三七五年正月，明太祖朱元璋說道：

　　命天下立社學……延師儒以教民家子弟。

　　自此社學開始於民間社會中日漸普及。

　　明初名臣何文淵，「七歲入社學，讀書過目不忘」，其所接受的啟蒙教育，就是從社學中開始的。他的父親有厚德，好扶貧濟困。何文淵自幼受家庭薰陶，在社學勤學苦讀，博覽群書，既學到了很多知識，又有品德。

　　據說他在東方做官離任後，地方百姓見他囊中羞澀，紛紛解囊籌金，特資盤纏。他卻將全部禮金留在驛站，悄無聲息地走了。當地有個士子感慨成端，興致所至，當眾就提筆揮毫，在驛站牆上特書了「卻金館」三個字，以誌紀念。這種人格，當與他的幼年教育不無關係。

　　義學是指不受朝廷干預，完全由民間社會自發興建、自主管理，帶有一定公助性質的啟蒙學校。明代中期之後，隨著政治局勢的緩和與民間向學之風的興起，義學之設更蔚為風氣。

　　明代義學之設，早在初期就見於各種記載中。洪武時，林文溢就曾於福州府長樂縣設立「皂林鄉學」，以惠鄉里子弟。

　　明代義學的規模，大小不一。如修復嘉定縣大場鎮義塾時，因得到巡撫的支持，規制宏偉，計有「大成殿三間，明倫堂五間，兩廡各十二間，儀門如堂之數」。

根據義學設置目的的不同，明代的義學也可以大致的劃分為兩種基本類型：

一種主要是為教育家族或宗族子弟而設的。如泰和人胡如麒所建義學，其招收對象就是「吾族之子弟與吾戚姻之子弟，有願學而力不能己自遂者」。

另一種則主要是以鄉里子弟為受教對象的。諸如嘉靖時錫山錢孟溥，「患鄉人之不學，設為義學，割其歲收延聘儒彥，集鄉之子弟而教之」。

在當時，這兩種形式的義學的辦學目的雖各有側重，卻並非完全對立的，也不乏一些將這兩種目的與職能集於一身的義學的存在。

如明代初期建安處士江子濤，於居所旁別築室為義塾，「聚書延聘師儒，訓誨諸孫及鄉鄰子弟」，其中既包含著教育宗族子弟的目的，也不乏施惠鄉里的意義所在。

義學因主要以「公助」為目的，對入學對象並無更為嚴格的規定性與選擇性，要相對開放得多。只要符合或為鄉里、或為宗族子弟的基本條件，皆可就學。而吸收親眷戚友子弟附學的家塾，在招收對象上就明顯狹隘得多。因而，嚴格說來，這種附學並不具有真正意義上的、相對開放的公助性所在，這也是其與義學的主要差別所在。

家塾則是指完全由私人創建的，不以「公助」為主要目的，而是以滿足個人家庭教育需求為主的民間教育形式。一般來說，這種家塾的規模都相對較小，因而靈活性較強，在私塾中占據了較大的比例。

明代的家塾主要包含三種類型：一是由私人於家中設立的「延師課子」的家塾；二是由儒生設帳家中，招收來學生員的私塾；三是儒家學者舉辦的書院。

朱元璋建立明王朝初年，有一批元代遺民，不願意與明朝廷合作，不肯出仕為官，而安於鄉間隱過平靜生活，其中有相當一部人靠在鄉間教書為生。如，洪武年間曾經被延為諸王師的李希顏，明太祖曾經手書征他為諸王師。他給諸王定的規矩甚是嚴峻，諸王有不服從教導者，有時甚至手擊其額。後來隱歸鄉里。這位隱居不仕的宿儒顯然是十分習慣於民間私塾對學生的教育方法，而且將其搬用於宮廷教育之中。

明代的縉紳富實之家，大多於家中自設家塾，延名師訓誨子弟。如明嘉靖時期「勤於治生，多蓄藏」的崑山富室許志學，就設家塾「延禮旨儒沈同庵先生……以教諸子」。以至於這種形式在後來成為一些讀書人不斷參加科舉考試過程中暫以為生的手段。

同時，一些普通或者貧寒之家，有時由於義學的相對缺乏，或出於造就子弟的強烈願望，也不乏一家或數家共舉，勉力設建家塾者。

這種家塾雖以訓誨自家子弟為主旨，但有時亦吸收親眷戚友子弟共學，稱之為「附學」。這在明代社會中也是一種較為常見的現象。

由儒生設帳家中，招收來學生員的私塾，在明代社會中亦不少見。明末清初學者葉夢珠在《閱世編》中，記載了潘

煥璜與翟儆臣兩位比鄰儒生，設館帳、開家塾，造就鄉里子弟的事。

這種形式的私塾，在招收對象上雖不如家塾那麼狹隘，但塾師本身對生員卻具有極大的選擇權，嚴格說來也並不是以公助為主要目的的。

書院教育是儒家學者舉辦的一種私人的教育形式，書院的開設，多在名山勝地，而且多由社會私人捐資修築，最重要的是藏書堂，其次是學員之宿舍，每一書院，常供奉著某幾個前代名儒的神位與畫像。

明代常常採取私家書院規則，但教學上並不像正式官辦私塾那樣嚴格，實際上是學者們的學術講座。明末的書院還發展成為政治輿論的中心。

明代新建的書院不少，以南方為例，江西在崇仁縣建小陂書院，在南昌府建正學書院，在建昌縣建馬融書院，在吉安府永豐縣建一峰書院，此外還有復古書院、龍岡書院、白鷺州書院等；廣東的書院在明代也新建不少，計有正德年間建書院八所，嘉靖年間建七十八所，隆慶年間建四所，萬曆年間建四十三所，天啟年間建一所，崇禎年間建十六所；福建的福州府十七所，漳州府十一所等。

明代民辦書院設立的院產或由村、族公產撥款，或由官民捐助。小型的書院由創辦人自行籌措，以支付教師的束脩。學生學習和生活費用均自理。

教化於民：太學文化與私塾文化
地方私學 私塾

在明代廣為設置的私塾中，從事啟蒙工作的基層教育士人，是個值得一提的群體，從對他們的稱謂中，也可以反映出當時私塾設置的一些情況。

在明代社會中，在私塾中從事教育的人多被稱為「塾師」。這是一個有著某些共有性質的一般性稱謂，但同時又因其謀生方式、教授對象與私塾類型等的不同，又有著不盡相同的稱呼。

塾師是明代私塾教師的各種稱謂中，一個較為普遍、最為常見的稱呼。塾師是指鄉學教師而言的。據《江西通志》所載，明嘉靖時兩廣總督陳大倫創立社學，就命塾師教童子歌詩習禮，時行獎賞。

因此，「塾師」並非僅指家塾教師而言，其應該是對私塾教師的一種泛稱。塾師一旦受聘為子弟師，也便成為主家的座上之賓，因而其也往往成為人們對「塾師」的一種尊稱。

私塾教師中還有「館師」的稱謂。私塾在古代亦有「書館」之謂，塾師也因此而有了「館師」之稱。還有「蒙師」與「經師」之稱。私塾依其教育層次的不同，有著「經館」與「蒙館」之分，塾師也因此有著「經師」與「蒙師」之別。此外還有「童子師」、「句讀師」等。

明代私塾的這種縱深化設置，不僅促動了社會基礎教育的發展與興盛，也促動了塾師職業群體人數與社會規模的極大增長。

明代著名學者吳與弼一生不應科舉,講學家鄉,屢薦不出。後來大臣石亨與大學士李賢上疏薦舉,授為左春坊左諭德,他上疏請辭,詞語懇切,獲明英宗嘉許,派人護送回鄉,並命地方官按月支給倉米,以示關懷。

在鄉里,吳與弼一切行動都遵守儒家禮儀規範。每次到京探望父親,穿的都是布衣舊鞋。對不義之舉,一概不為;對不義之財,一概不取。所以,四方求學者絡繹不絕,他都諄諄教誨。甚至招待學生食宿,以此遠近聞名。

清代的私塾及其教學

清代普通青少年真正讀書受教育的場所,除義學外,一般都在地方或私人所辦的私塾裡。因此清代私塾發達,遍佈城鄉。

清代私塾以經費來源區分,

一為富貴之家聘師在家教讀子弟,稱坐館或家塾;

二為地方、宗族捐助錢財、學田,聘師設塾以教貧寒子弟,稱村塾、族塾;

三為塾師私人設館收費教授生員的,稱門館、教館、學館、書屋或私塾。

清代私塾的塾師多為落第秀才或老童生,學生入學年齡不限。自五六歲至二十歲左右的都有,其中以十二三歲以下的居多。學生少則一兩人,多則可達三四十人。

教化於民：太學文化與私塾文化

地方私學 私塾

　　私塾因為學生的數量不多，老師能照顧到每個學生，譬如上課提問基本上每個學生都能被抽中，所以教學質量上更能有保證。

　　清代不少很有名的學者名人，也是長期教私塾出身的，如鄭板橋就做過很長時期私塾教師。他在《道情》十首中詠塾師之作，親切感人等於是寫他自己：

　　老書生，白屋中，說唐虞，道古風，許多後輩高科中，門前僕從雄如虎，陌上旌旗去似龍，一朝勢落成春夢，倒不如蓬門僻巷，教幾個小小蒙童。

　　私塾的教學時數，一般因人因時而靈活掌握，可分為兩類：「短學」與「長學」。

　　教學時間短的稱為「短學」，一般是一至三個月不等，家長對這種私塾要求不高，只求學生日後能識些字、能記帳、能寫對聯即可。而「長學」每年農曆正月半開館，到冬月才散館，其「長」的含義，一是指私塾的先生有名望，其教齡也長；二是指學生學習的時間長，學習的內容也多。

　　清代私塾教育由識字開始，達到學會做文章，這個教學進程，是首先由認方塊字開始的。

　　私塾學生所讀的識字課本，包括《三字經》、《百家姓》、《千字文》、《名賢集》、《神童詩》，以及各種《雜字》如《五言雜字》和《七言雜字》等。

　　這些識字課本，有一個共同特點，即句子短，句子整齊，四聲清楚，平仄互對，音節易讀，字很大，即使不很聰明的

兒童，也很容易讀，朗朗上口，很快讀熟，句子讀熟了，字也記牢了。

同時，識字課本充分利用了漢語、漢字單音、四聲音節的特徵，充分發揮了兒童時期記憶力特強的特點，也充分避免了兒童時期理解力差的缺點。突出記憶力的發揮和鍛鍊，這是中國兩千多年以來漢字啟蒙教育最有效、最成功的特點。

私塾學生經過了一兩年的時間，初步完成了識字教育，即開始讀書教育。所謂「讀」，是讀出聲音來，琅琅上口，強調讀熟背誦。

讀的範圍，首先是「四書五經」。「四書」或先讀《大學》、《中庸》，後讀《論語》，或先讀《論語》，再讀「大、中」。最後讀《孟子》。「四子書」的誦讀次序，沒有規定，但《孟子》總是後讀，沒有先讀的。也有讀書人家，啟蒙時不讀「三、百、千」等通俗啟蒙讀物，識了一些方塊字後，就開始讀「四書」。然後再讀「五經」等，自然也都要讀熟，而且能背誦。

這些讀熟的書，為了防止忘記，必須經常溫習，尤其是「四書」，更是要連本文帶朱熹的注，永遠爛熟於胸中。隨口引用，像說話那樣自然，沒有這點基本功，是談不到做好文章的。

大量背誦經典文章，表面上看起來非常笨，實際上是效果最好的學習語文的方法。因為小孩的理解力弱，但記憶力強，背下大量經典好文，實際上能終身受益。

教化於民：太學文化與私塾文化
地方私學 私塾

　　私塾的教育方法，要求老師們做到因材施教，因人而異。比如同時幾個學生，要分別按不同程度讀不同種類的書，比如三個讀啟蒙讀物《三字經》、《千字文》這類書的，兩個讀《論語》的，兩個讀《孟子》的，三個讀《詩經》的，兩個讀《左傳》的等，都可以同在一個老師的教導下，一個房間中共同高聲朗讀。

　　同時同讀一種書的學生，教師也可以按他們不同的智慧，不同的記憶力，理解力分別讀不同數量、不同進度的內容。一般都以「句數」計算，即每天老師大體規定讀多少句生書。

　　當時讀的書，都是沒有標點的。老師教學生讀生書時，用朱紅毛筆點一短句，領讀一遍，學生讀一遍，到一完整句時，畫一圈。

　　比如，《論語》開頭說「子曰：學而時習之，不亦說乎？」老師在「子曰」邊點一小點，領讀「子曰」，學生也跟「子曰」，然後點讀「學而時習之」，然後圈讀「不亦說乎」，學生均跟著照讀。這就是老師教學生讀書，也就是所謂「句逗」之學。

　　有一則故事說：有一個窮秀才，他很窮，天天吃不飽。所以就想辦法去混口飯吃。他有一個挺富裕的朋友，每當人家差不多要開飯時，他就會到人家家裡「拜訪」。而且還編出各種各樣的理由，讓他朋友留他下來吃飯。

　　這一天，秀才又「拜訪」友人。友人實在想不出什麼理由讓他離開，就打算看看情形再說。碰巧天突然下雨，那個富朋友想來想去，就留一張紙條：「下雨天留客天留人不留。」

白話意為：下雨天就要留客。天留你，但我不留你。朋友留下紙條後就走回房間，心想：一會兒再來，看你還好不好臉皮留下。

可是一會兒那個富朋友回來時，還看到秀才在那。就問：「呀，你怎麼還在這兒，你不走嗎？」

秀才就說：「是你叫我留下的啊！」

富朋友就奇怪了，問怎麼回事。

秀才指著那張紙條說：「你都這麼客氣了，我還好意思走嗎？」

原來，那張紙條被秀才加上了標點，變成了這樣：「下雨天留客天，留人不？留！」意思是說，下雨天就是留客天，留人嗎？留！那富朋友差點暈過去。這個故事說明了「句逗」之學的重要。秀才透過標點巧妙斷章取義，最後達到了目的。

老師點句領讀、學生跟讀之後，就是初步完成了教讀的任務，然後學生自己去讀，一遍又一遍，然後按規定時間到教師前放下書，背轉身來背誦。

私塾中的讀書教育，首重識字和背誦，然後是教師教讀句逗，首重字形、讀音，區分四聲。

比如，教讀「春風風人」、「夏雨雨人」句時，必在第二個風字、雨字右上角畫個圈，作為代表，教讀作去聲，這樣使學生在讀書時，透過拉長聲音的大聲誦讀，自然而清晰地區分四聲，記牢讀音，這也是學做文章的基本功。

教化於民：太學文化與私塾文化

地方私學　私塾

　　把「四書五經」讀熟，背誦如流，是學做文章的基本功之一。識字辨清四聲，能熟練地區分詞性，學會對對子，是學文章的基本功之二。兩者缺一不可。

　　私塾學生還要學會寫字，不但要會寫毛筆字大楷、小楷，而且為了追求更高級的科舉考試功名，還要把字寫得更好，寫成「館閣體」高級書法藝術水平的字，達到翰林院的標準。

　　雖然從純書法藝術講求，翰林館閣體字不是最高水準，但從端莊整麗角度來看，這種字體是有代表性的。能寫這種字的人，其細心、認真、一絲不苟的作風和態度，一般都會影響到他從事任何工作。

　　私塾教育是在讀熟「四書五經」以後，明辨四聲學會對對子的基礎上，教會做文章的形式，這是中級階段。

　　會做整篇文章，然後再溫習讀過的經書，多讀名家的範文，經常揣摩練習作各種題目的文章，準備考試，或未考進秀才，再準備考舉人，仍在有名教師的私塾中學習，這就是私塾的高級階段了。

　　由幼年啟蒙識字，到能參加縣裡的童生、府裡的秀才考試，就算教會了做文章，完成了作文的學習過程。至於進一步提高，就是如何練的問題了。其標準一是看能否考進秀才、考中舉人、進士；二是社會是否讚賞，供人學習模仿。

　　另外，私塾在教育階段，十分注重蒙童的教養教育，強調蒙童養成良好的道德品質和生活習慣。如對蒙童的行為禮節，像著衣、叉手、作揖、行路、視聽等都有嚴格的具體規定，為中國教育的傳統。

清末，由於發展小學缺少資金和教師，熱心教育者認為不如改良舊塾，使之逐漸成為初等或高等小學堂。但私塾改良收效不大，農村的私塾還是以舊式私塾居多，鮮有改良者。每當私塾改良活動處於低谷，地方教育行政機構放鬆了對私塾的管理時，社會上就會冒出一批私塾來。

　　由於古代有私人辦學的傳統，崇尚文化知識。遇到戰亂，官學受到衝擊，私學便趁機填補官學被破壞所造成的教育真空。這一模式在近代仍然適用，具體表現為私塾的反彈。

　　清代民族英雄林則徐的父親林賓日很有學問，著有《小鳴集》詩八卷，古文、時文各兩卷，曾經在家塾中做教師。林則徐四歲隨父入塾讀書，從識字及讀章句，皆其父口授。

　　林則徐十歲時即開始學作文，別人認為入早，其父林賓日則認為「此兒性靈，時有發現處，不引之則其機反窒，此教術之因材而施者耳。」徐父親林賓日是個好父親，好老師，對幼年的林則徐觀察、判斷十分深刻。後來林則徐在他的教導下，到十四歲時，便以優異成績成為秀才。

國家圖書館出版品預行編目（CIP）資料

教化於民：太學文化與私塾文化 / 李勇 編著 . -- 第一版 .
-- 臺北市：崧燁文化，2020.03
　　面；　公分
POD 版

ISBN 978-986-516-108-8（平裝）

1. 高等教育 2. 教育史 3. 中國

525.92　　　　　　　　　　　108018490

書　　名：教化於民：太學文化與私塾文化
作　　者：李勇 編著
發 行 人：黃振庭
出 版 者：崧燁文化事業有限公司
發 行 者：崧燁文化事業有限公司
E - m a i l：sonbookservice@gmail.com
粉 絲 頁：　　　　　網　址：
地　　址：台北市中正區重慶南路一段六十一號八樓 815 室
8F.-815, No.61, Sec. 1, Chongqing S. Rd., Zhongzheng
Dist., Taipei City 100, Taiwan (R.O.C.)
電　　話：(02)2370-3310 傳　真：(02) 2388-1990
總 經 銷：紅螞蟻圖書有限公司
地　　址: 台北市內湖區舊宗路二段 121 巷 19 號
電　　話:02-2795-3656 傳真 :02-2795-4100　　網址：
印　　刷：京峯彩色印刷有限公司（京峰數位）
　本書版權為現代出版社所有授權崧博出版事業有限公司獨家發行電子書及繁體
　書繁體字版。若有其他相關權利及授權需求請與本公司聯繫。
定　　價：200 元
發行日期：2020 年 03 月第一版
◎ 本書以 POD 印製發行